Recettes Josette Boudou
Aquarelles Jean-Marc Boudou

la Bonne Cuisine
Normande

 LIBRIS

*À Fanchon et à Claude, pour leurs précieux conseils
et pour leur accueil dont la chaleur ne se dément pas
au fil des années, et aux enfants, petits et grands.*

Libris (Groupe Glénat)
37, rue Servan, B.P. 177, 38008 Grenoble cedex
www.glenat.com

QUE DE RICHESSE, QUE DE RICHESSES…

Dire la géographie de la Normandie, dire son histoire, écrire sa terre et ses hommes, et pour finir, connaître l'héritage que lègue la région à ses habitants en matière culinaire.

Paris, 1858, un ciel d'aube aux couleurs pastels. Imaginons un train en partance pour la côte normande, un train de voyageurs dont le seul point commun est d'être fins gourmets, à travers les temps et les siècles. Les bouquets de fanions tricolores, les banderoles et les lanternes, les échos de la fanfare… Imaginons la joie des invités, les officiels comme Théophile Gautier, journaliste, et une kyrielle de joyeux artistes, écrivains, poètes, musiciens, tous fines gueules.

Voyage inaugural. Coup de sifflet du chef de gare, le train s'ébranle. Les cahots, les rires, les escarbilles. Le paysage commence à filer son train de sénateur. Les yeux sur les vallées et les collines, les vergers et les troupeaux, nos compères ont déjà la tête ailleurs. Ils voient se profiler les enseignes de quelques lieux accueillants : "À la Pomme d'Or", "Au Canard rouennais", "À l'authentique sole normande", "Au joyeux Livarot"… Mêlés aux fumées âcres de la locomotive, les effluves alléchants échappés des marmites se font déjà sentir. Ils voient aussi les volailles embrochées au cœur des immenses cheminées et les fricassées mijotant dans les vastes marmites noires. Ils voient encore les grandes lampées de crème, de cidre et de Calvados que les marmitons "balancent" généreusement dans les sauces. On appelle ça avoir l'eau à la bouche !

- "Regardez, là, à gauche, mon jardin, mes nymphéas, dit le peintre Claude Monet.

- As-tu pris de la tarte aux vertes bonnes ?", demande son collègue Nicolas Poussin, alors qu'apparaissent les ruines de Château-Gaillard sur leur promontoire rocheux.

Un coup de sifflet strident, les passagers pointent leur nez aux fenêtres : voici la toute nouvelle gare de Rouen. Re-flonflon et re-fanfare, et qui sont là pour accueillir nos voyageurs ? Pierre Corneille, Gustave Flaubert et le peintre Géricault. -"Venez donc goûter notre confit de canard ! - Au retour, répondent en chœur les joyeux ripailleurs. Montez donc profiter du tortillard, nous allons sur la Côte."

Nouveau coup de sifflet, le train repart. Mais nos voyageurs sont à peine réinstallés sur les banquettes en bois que Guy de Maupassant et Gustave Courbet se lèvent comme des diables -"La mer, là-bas, la mer ! Étretat et les falaises." Et de décrire avec force mimiques gourmandes les plateaux et salades de fruits de mer, la soupe de moules, crémeuse et riche en légumes.

Soudain, d'autres bras se tendent aux portières : ce sont Bernardin de Saint-Pierre, le musicien Arthur Honneger et le peintre Sisley qui voient au loin le port du Havre. -"Ah, notre poulet François Ier, notre turbotin gratiné, si vous les connaissiez…". -"Et les quiches de Honfleur, qu'en pensez-vous ? demande Erik Satie, tout en gymnopédies, en poussant du coude son compatriote Eugène Boudin, perdu dans les cieux lumineux de ses toiles.

Lâchant sa madeleine, Marcel Proust hume l'air de Cabourg et d'Houlgate, empli des parfums de vanille et de cannelle de la tarte locale.

Mais voilà les flèches de l'église Saint-Pierre et de l'abbaye-aux-Hommes de Caen. Nouveau coup de sifflet et nouvel arrêt en gare. Et là, la tentation est grande pour nos voyageurs d'un jour d'aller goûter aux fameuses tripes régionales. Il faut voir leurs mines déconfites quand le convoi repart en direction de Cherbourg !

Tout à coup une voix s'élève, celle de Victor Hugo pointant son index sur le ponant. -"J'étais hier au Mont-Saint-Michel. Ici il faudrait entasser les superlatifs d'admiration comme les hommes ont entassé les édifices sur les rochers…" Mais à cette heure-ci, ses compagnons de voyage seraient plus sensibles à la soupe de saumon ou à l'omelette si réputée !

Et tous de guigner Vire en salivant à l'idée d'une belle andouille boulangère, garnie de pommes de terre et de pommes-fruits… Heureusement, la presqu'île du Cotentin est enfin traversée, voici Cherbourg et son terminus. Ma foi, les inaugurations de la nouvelle ligne de chemin de fer, de la statue de Napoléon Ier et du bassin Napoléon III (véridique) pourront attendre. Nos bonshommes affamés gagnent en hâte l'auberge la plus proche pour enfin déguster quelques jolies demoiselles, savoureuses langoustines arrosées de vin blanc et de Calvados, accompagnées de l'inévitable crème normande. Sans parler ensuite des nombreux fromages du crû et des douceurs, enfin, gratin de poires flambées, tartes aux pommes et autres prestigieux desserts.

Et tous, s'essuyant le coin des lèvres, de se dire : "La Normandie, que de richesse, que de richesses !"

Étretat

Dieppe

Rouen

Cherbourg

le Havre

Honfleur

PARIS

Bayeux

Deauville

St-Lô

Caen

Chartres

Granville

Argentan

Mont
St-Michel

Les Soupes

Les journées pluvieuses, nous restions à la maison. Nous trouvions quand même moyen de nous évader en traversant la cour par le hangar, et nous réfugier chez nos grands-parents. Ce qui devait être une mauvaise journée se transformait alors en bénédiction, pour eux comme pour nous.

Nous passions le temps à jouer, goûter et écouter des histoires, dans l'atmosphère particulière des fermes normandes. Je me rappelle le mobilier qui nous impressionnait beaucoup, de l'immense armoire aux guirlandes de fleurs sculptées, au vaisselier garni de faïence à motifs bleus que ma grand-mère appelait son "Vieux-Rouen". Je me rappelle la grande horloge étroite qui égrenait ses tic-tac au long de nos discussions d'enfant...

En fin de journée, quand le rideau gris de la pluie disparaissait, la fenêtre de notre cuisine s'éclairait, ma mère était de retour. Il était temps de rentrer. Grand-mère nous raccompagnait chez nous, une casserole de soupe à la main. L'odeur des légumes du jardin me poursuit encore.

Juste avant de passer sous
le Gros Horloge de Rouen...

7

Soupe du Cotentin à la graisse normande

Fabriquée à partir de suif prélevé autour des rognons de bœuf, de légumes variés, persil, thym, laurier, cette graisse nécessite 7 à 8 jours de cuisson à feu modéré. Filtrée à travers un tamis, elle se garde un an dans un pot en grès. On peut bien-sûr se lancer dans la préparation de cette graisse mais, pour une soupe du soir, se rendre chez son boucher préféré ou parfois au supermarché pour l'acheter !

Pour 6 personnes

- 1 chou vert moyen
- 1 branche de céleri
- 4 pommes de terre
- 1 poireau
- 2 carottes
- 150 g de haricots verts
- 80 g de haricots en grains
- Persil, sel et poivre
- 2 cuillères à soupe de graisse normande

⌛ **Préparation : 30 minutes**   ✳ **Cuisson : 1 h 10**

- Effeuiller et laver le chou, le blanchir 5 minutes à l'eau bouillante.
- Égoutter. Faire bouillir 2 litres d'eau avec persil, sel et poivre.
- Éplucher et laver les légumes, les couper en petits morceaux.
- Les jeter dans l'eau bouillante, sauf les haricots verts et le chou.
- Laisser mijoter 30 minutes.
- Ajouter les haricots et le chou coupés en morceaux, ainsi que la graisse.
- Cuire encore 30 minutes à petits bouillons.

Cette soupe se déguste telle quelle ou additionnée de tranches de pain de campagne.

Soupe de moules d'Étretat

Il existe plusieurs sortes de moules mais j'ai toujours entendu dire que les petites moules, celles d'Isigny par exemple, donnent un goût plus fin à ce potage. À vous de voir...

⌛ **Préparation : 45 minutes**
✳ **Cuisson : 15 minutes**

- *Laver soigneusement les moules à l'eau courante.*
- *Les faire ouvrir à feu vif avec un verre d'eau.*
- *Les retirer des coquilles et garder l'eau de cuisson.*
- *Faire chauffer l'huile dans une grande casserole.*
- *Laver et émincer les blancs de poireaux et les faire revenir dans l'huile avec la gousse d'ail hachée.*
- *Ajouter les tomates lavées et épluchées coupées en quartiers ainsi que les moules. Bien mélanger.*
- *Parsemer de persil haché.*
- *Ajouter l'eau des moules plus 3/4 de litre d'eau chaude.*
- *Saler, poivrer, mettre le curry et amener à ébullition.*
- *Laisser mijoter 10 minutes.*
- *Juste avant de servir, ajouter la crème et donner quelques bouillons.*

Le fromage râpé sera proposé à part dans une assiette. On peut cuire du vermicelle dans cette soupe ou des petites pâtes à potage.

Pour 6 personnes
- *2 litres de moules*
- *2 grosses tomates*
- *2 poireaux*
- *1 tasse d'huile*
- *1 gousse d'ail*
- *1 cuillerée à café de curry*
- *100 g de fromage râpé*
- *15 cl de crème fraîche épaisse*
- *Persil, sel et poivre*

Qui ne sait pas que le repaire d'Arsène Lupin se trouve dans la fameuse Aiguille Creuse d'Étretat?

9

Soupe à l'oseille et au neufchâtel

Pour 6 personnes

- *500 g d'oseille*
- *4 pommes de terre*
- *2 oignons (ou 1 gros)*
- *150 g de neufchâtel*
- *25 g de beurre*
- *4 cuillerées à soupe de crème*
- *1 litre de bouillon de volaille*
- *Sel et poivre*

Joli mariage des légumes et du fromage, pour une soupe verte et blanche, tout en habit de cérémonie! Joli mariage de douceur où le moelleux du fromage s'allie heureusement à l'onctuosité de la crème.

⌛ **Préparation : 45 minutes**　☀ **Cuisson : 30 minutes**

- *Éplucher les oignons, les couper en lamelles et les faire fondre dans le beurre bien chaud.*
- *Laver l'oseille, l'ajouter aux oignons et laisser cuire 5 minutes.*
- *Éplucher les pommes de terre, les couper en gros cubes et les ajouter à la préparation.*
- *Mouiller de bouillon de volaille.*
- *Laisser cuire 15 à 20 minutes (les pommes de terre doivent s'écraser).*
- *Passer au mixer, saler et poivrer.*
- *Émietter le fromage. Le faire fondre avec la crème dans une petite casserole.*
- *Remplir chaque assiette de soupe chaude et déposer au centre une cuillerée de crème au neufchâtel.*

Servir aussitôt.

Soupe de saumon du Mont-Saint-Michel

Pour 6 personnes

- 250 g de saumon frais + la tête
- 300 g de tomates mûres
- 2 carottes
- 2 oignons
- 2 gousses d'ail
- 1 verre d'huile
- 1 bouquet garni
- Sel, poivre et safran

Le saumon qui frétillait en baie du Mont-Saint-Michel ne se doutait pas qu'il ferait des heureux autour d'une soupière ma foi fort bien garnie. Il n'est qu'à lire la liste des ingrédients.

⏳ **Préparation : 45 minutes** ☀ **Cuisson : 1 heure**

- Couper la tête du saumon en deux, bien laver à l'eau fraîche ainsi que le morceau de poisson.
- Éplucher les légumes, émincer les carottes.
- Faire chauffer l'huile dans une cocotte.
- Mettre le saumon, les carottes, les oignons entiers, l'ail écrasé et la moitié du bouquet garni.
- Faire revenir 5 minutes à feu vif.
- Couvrir d'eau froide, saler, poivrer, ajouter une pincée de safran.
- Laisser bouillir à feu moyen 30 minutes.
- Dans une casserole, mettre les tomates épépinées en quartiers avec une cuillerée d'huile.
- Mouiller avec un grand verre d'eau, mettre le reste du bouquet garni.
- Cuire à feu doux 20 minutes et passer à la moulinette.
- Retirer les morceaux de saumon, bien les écraser au pilon pour les réduire en purée.
- Ajouter les tomates et le bouillon de cuisson du poisson passé.
- Laisser chauffer et servir avec des petits croûtons frits.

LES SALADES ET LES ŒUFS

La falaise de craie du pays de Caux me paraissait, enfant, d'une hauteur vertigineuse, ce qu'elle est restée à mes yeux d'adulte ! Mais l'enfance déforme et amplifie la réalité. Je passais des heures à rêver devant les panneaux scolaires des leçons de géographie. L'un représentait la mer battant furieusement les falaises blanchâtres, le second découvrait, à marée basse, le pied creusé de la paroi, montrait les éboulis et les entassements de galets.

J'étais stupéfait de voir que la petite maison, autrefois éloignée de la côte, était à présent suspendue au bord du vide.

Je retrouve ce sentiment aujourd'hui, lorsqu'elle s'habille des roses, jaunes, orangés dont la lumière la pare, jusqu'aux mauves et gris-violet du crépuscule.

La falaise d'Aval.
L'Aiguille et la Porte
ouverte sur la ville
d'Étretat.

13

Salade de Normandie au cidre

Au goût de potager, de verger et de bord de mer, voici la salade scarole/pommes/crevettes. Un soupçon de moutarde et un filet de cidre pour relever la sauce où s'invite aussi la bonne crème normande.

Pour 6 personnes

- 1 scarole
- 3 pommes golden
- 250 g de crevettes roses
- 1 cl de cidre sec
- 50 g de crème fraîche
- 1/2 cuillerée à café de moutarde
- Sel et poivre

⌛ Préparation : 15 minutes

- Effeuiller et laver la salade. La couper en gros tronçons.
- Éplucher les pommes, les émincer très finement.
- Décortiquer les crevettes.
- Pour la sauce, mélanger la crème, la moutarde et le cidre.
- Saler et poivrer.
- Mettre tous les ingrédients dans un grand saladier.
- Arroser de sauce et bien mélanger. Servir aussitôt.

Salade du pays de Caux

Des produits campagnards très simples pour cette salade cauchoise. Mais la touche raffinée de la truffe en fera une entrée de choix.

Pour 6 personnes

- 800 g de pommes de terre
- 2 branches de céleri
- 2 tranches de jambon blanc (épaisses)
- 15 cl de crème fraîche
- 1 citron
- 1 cuillerée à potage de vinaigre
- Sel et poivre

Facultatif : 1 petite truffe

⏳ **Préparation : 20 minutes** ☀ **Cuisson : 20 minutes**

- *Éplucher et cuire les pommes de terre à l'eau salée (15 à 20 minutes).*
- *Laisser refroidir. Laver le céleri et le tailler en julienne en éliminant les feuilles.*
- *Couper les pommes de terre en petits cubes.*
- *Débiter le jambon en très petits dés.*
- *Mettre tous les ingrédients dans un saladier.*
- *Pour la sauce, battre la crème, le vinaigre et le jus de citron.*
- *Saler et poivrer.*
- *Verser sur la salade et bien mélanger.*
- *Décorer le dessus avec des lamelles de truffe.*

Œufs de l'abbaye Saint-Michel

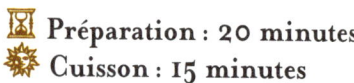 **Préparation : 20 minutes**

Cuisson : 15 minutes

- Cuire les œufs durs 10 minutes.
- Refroidir et décoquiller.
- Couper les œufs en rondelles assez épaisses.
- Beurrer un plat non métallique allant au feu.
- Tapisser le fond de rondelles d'œufs.
- Recouvrir des huîtres écaillées.
- Remettre une couche de rondelles d'œufs.
- Parsemer des crevettes.
- Disposer quelques noisettes de beurre.
- Poivrer la crème, la battre un peu à la fourchette et verser sur le plat.
- Faire bouillir à feu vif 4 à 5 minutes.

Pour 4 personnes

- 8 œufs
- 100 g de crevettes roses cuites
- 24 huîtres
- 1 dl de crème épaisse
- 50 g de beurre
- Poivre

Quand l'œuf va à la pêche à pied, il s'en revient son petit filet plein de crevettes roses. Il prend quelques huîtres chez son écailler, un pot de crème chez sa crémière et se met en cuisine pour se parer de la plus belle des façons.

Du Bec d'Andaine, le Tombelaine s'aligne sur le Mont-Saint-Michel...

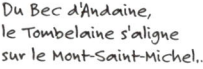

Omelette de la baie "à la Poularde"

La baie du Mont-Saint-Michel est un "nid à omelettes"! On les prépare de multiples façons, avec différentes garnitures mais il en est une qui garde jalousement son secret. Nous vous proposons néanmoins celle-ci, qui est une heureuse variante.

Pour 4 personnes

- 8 œufs frais
- 30 g de beurre fin
- 3 cuillerées à soupe de crème
- Persil, cerfeuil, estragon
- Sel et poivre

⌛ **Préparation : 10 minutes**   ☀ **Cuisson : 3 minutes**

- Casser les œufs en séparant les blancs des jaunes.
- Battre les jaunes d'œufs à la fourchette avec du sel et du poivre.
- Dans une autre jatte, battre les blancs comme pour une omelette et surtout pas en neige.
- Dans une grande poêle, faire chauffer le beurre. Verser les jaunes.
- Battre légèrement la crème dans un bol, verser sur les jaunes à peine pris.
- Recouvrir aussitôt des blancs battus.
- Cuire à feu vif 3 minutes.
- Replier l'omelette et la glisser sur un plat chaud.
- Arroser d'un peu de beurre fondu et parsemer les herbes finement hachées.

17

Omelette du nez de Jobourg

Le nez de Jobourg est un tableau accroché au mur de la salle à manger de mes parents ! C'est aussi une haute falaise de 128 mètres de la pointe du Cotentin, sous le cap de la Hague. Le site devient grandiose quand la mer est mauvaise et que les vagues s'écrasent avec fracas sur les rochers en contrebas.

Arbustes et herbes rases s'accrochent aux vents du Nez.

Pour 4 personnes

- 6 œufs
- 1 tourteau
- 3 cuillerées à soupe de crème
- 1 cuillerée à café de concentré de tomates
- 40 g de beurre
- 1 dl de Calvados
- Sel et poivre

⌛ **Préparation : 30 minutes** ☀ **Cuisson : 25 à 30 minutes**

- Cuire le tourteau à l'eau bouillante salée 20 minutes.
- Laisser refroidir et décortiquer.
- Dans un grand bol, mélanger la crème et le concentré de tomates.
- Faire fondre le beurre dans une poêle et faire revenir les morceaux de tourteau 3 à 4 minutes.
- Arroser de calvados et flamber.
- Ajouter la moitié de la sauce et verser les œufs battus.
- Cuire une omelette baveuse (3 minutes).
- La replier, la glisser sur un plat chaud et arroser du restant de sauce.

Omelette de la région rouennaise

Insolite, des foies de canard pour garnir une omelette. Inaccoutumé, une sauce au vin rouge pour arroser la dite omelette. Que de bonnes choses pour le plaisir du palais! Une salade verte agrémentera le tout.

Pour 4 personnes
- 8 œufs
- 2 foies de canards cuits
- 75 g de beurre frais
- 1 cl de vin rouge corsé
- Sel et poivre

⌛ **Préparation : 15 minutes**   ☀ **Cuisson : 5 minutes**

- Battre les œufs entiers à la fourchette.
- Saler, poivrer. Faire fondre 40 g de beurre dans une poêle et cuire l'omelette 3 minutes.
- Dans une autre poêle, réchauffer doucement les foies de canards coupés en fines lamelles.
- Garnir l'omelette cuite avec ces lamelles de foies et la replier.
- Dans la poêle chaude, réduire 2 minutes le vin avec le beurre.
- Arroser le dessus de l'omelette et servir aussitôt avec une salade verte.

ENTRÉES CHAUDES

Printemps humides, automnes brumeux, ici on cultive le vert comme ailleurs le bleu ou le blanc. Et le vert fait ses gammes, s'étend sur les champs, remonte les coteaux, grimpe au long des branches et coule dans les prairies. L'eau est partout présente, du fond des vallées jusqu'aux grèves de galets. Elle délave même les ciels et bien souvent mouille les cirés jaunes.

Quand l'ondée s'annonce en longues traînées sombres, il est temps de rentrer dans les cuisines tièdes, d'enfin s'attabler pour goûter nos entrées chaudes, dans les odeurs alléchantes de fromage fondu, de sauces au cidre, de pommes acidulées et de vieux calva.

Tartines gourmandes au pont-l'évêque

Voici une recette facile et rapide pour aider la ménagère normande (ou autre) qui aura "marmitonné" tout son saoul le dimanche matin. Elle régalera tout son monde au dîner de ces tartines à "l'inimitable goût de terroir" !

Pour 4 personnes
- 4 grandes tranches de pain de campagne
- 3 oignons
- 1 fromage pont-l'évêque
- 50 g de beurre
- 1 verre de cidre sec
- Sel et poivre

⌛ **Préparation : 10 minutes**
☀ **Cuisson : 8 à 10 minutes**

- *Éplucher les oignons et les couper en fines lamelles.*
- *Les mettre dans une poêle avec le beurre et laisser blondir.*
- *Ajouter le cidre, faire mijoter à feu doux pour le laisser évaporer.*
- *Saler et poivrer.*
- *Faire griller les tranches de pain sur les deux faces.*
- *Les disposer dans un plat à four, étaler dessus les oignons.*
- *Recouvrir de lamelles de fromage.*
- *Faire fondre 2 à 3 minutes sous le gril du four.*

À déguster chaud avec du cidre.

Galettes au camembert

De la réécriture d'une fable que nombre d'écoliers ont apprise dans leur jeune âge !... Modernité oblige, le décor et les accessoires ont changé !

Pour 4 personnes

- 4 galettes de sarrasin
- 200 g de jambon blanc
- 150 g de champignons de Paris
- 1 échalote
- 1 camembert fermier
- 200 g de crème épaisse
- 40 g de beurre
- Sel et poivre

⏳ **Préparation : 20 minutes**   ☀ **Cuisson : 15 à 20 minutes**

- *Bien nettoyer les champignons et les couper en petits morceaux.*
- *Éplucher l'échalote, l'émincer.*
- *Faire revenir au beurre avec les champignons 5 minutes.*
- *Saler et poivrer.*
- *Mixer le jambon, ajouter 150 g de crème, le fromage écrasé à la fourchette.*
- *Bien mélanger avec les champignons et l'échalote.*
- *Garnir les galettes, les rouler, les déposer dans un plat à four.*
- *Verser dessus le reste de crème.*
- *Placer dans le four chaud (180°) pendant 10 à 12 minutes.*

Servir avec une salade verte bien relevée.

23

Flans de livarot

- Mamie, tu sais que c'est pas les Suisses qui ont inventé les petits suisses?
- Et toi, est-ce que tu sais que la Suisse normande n'a rien à voir avec l'invention du petit suisse?
- Ah non, mamie, mais donne m'en un autre va! Avec du sucre et de la crème.
Et pendant que la grand-mère finit de préparer ses flans, la petite aux moustaches blanches se ressert prestement...

Pour 4 ou 5 personnes
- 4 petits suisses
- 100 g de livarot
- 2 œufs
- 3 cuillerées à soupe de crème
- Sel et poivre

⌛ **Préparation : 10 minutes**   ☀ **Cuisson : 20 minutes**

🌱 Couper le fromage en petits morceaux après avoir enlevé la croûte.
🌱 Mélanger à la fourchette les œufs, les petits suisses, la crème et le fromage.
🌱 Saler légèrement et poivrer.
🌱 Verser la préparation dans des ramequins individuels.
🌱 Cuire les flans au bain-marie (th. 6) pendant 20 minutes.
Délicieux avec une salade de mâche agrémentée de petits morceaux de pommes crues citronnées.

Tarte renversée au boudin noir

Pour 4 personnes
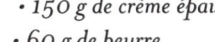

- 200 g de pâte feuilletée
- 4 parts de boudin noir
- 4 grosses pommes
- 150 g de crème épaisse
- 60 g de beurre
- 4 brins de ciboulette
- Sel et poivre

"Sur la roooute de Louviers (bis)
il y avaaait un cantonnier (bis)
qu'i'aimait la tarte reeenversée..."
Originaire de Louviers, à 32 km au sud
de Rouen, cette tarte propose une
garniture pour le moins originale.

⧖ **Préparation : 20 minutes**
❇ **Cuisson : 30 minutes**

- *Beurrer un plat à four de forme ronde.*
- *Éplucher les pommes, les couper en 8, les cuire à la poêle dans le restant de beurre (10 minutes).*
- *Découper chaque boudin en 5 rondelles épaisses.*
- *Disposer le boudin dans le fond du plat et recouvrir avec les quartiers de pomme.*
- *Saler et poivrer légèrement.*
- *Étaler la pâte sur le dessus de la tarte en enfonçant bien les bords tout autour du plat.*
- *Cuire à four chaud (th. 8) de 15 à 20 minutes.*
- *Faire chauffer la crème sans bouillir, mélanger la ciboulette finement hachée.*

Pour servir, retourner la tarte sur un plat. Chacun arrosera sa part de crème à la ciboulette.

Tripes à la mode de Caen

Mon grand-père, notaire, avait une secrétaire spécialiste des plats longuement mijotés. Faisant presque partie de la famille, elle ne manquait jamais de lui en porter quelques portions. Et je revois entre autres le pot de terre vernissé encore chaud trônant au centre de la table lorsque j'étais en vacances au village. Ma grand-mère soulevait alors le couvercle pour nous servir. La cuisine s'emplissait de l'odeur alléchante de ces tripes maison qui marquèrent à tout jamais mon goût d'enfant.

Pour 4 personnes

- 1 kg de tripes lavées et blanchies
- 4 couennes de lard
- 1 pied de bœuf désossé
- 1 pied de veau désossé
- 4 oignons
- 3 carottes
- 1 bouquet garni
- 2 gousses d'ail
- 4 clous de girofle
- 1 bouteille de cidre brut
- 3 cl de calvados
- Sel et poivre de Cayenne

Demander au tripier les os des pieds de bœuf et de veau.

Préparation : 50 minutes **Cuisson : 7 à 8 heures**

- *Dans le fond d'une grande marmite en terre à couvercle, déposer les couennes de lard en lanières, les os des pieds, les carottes et oignons épluchés et coupés en rondelles, le bouquet garni, l'ail épluché et les clous de girofle.*
- *Saler et poivrer.*
- *Recouvrir avec les morceaux de tripes et de pieds.*
- *Verser le cidre qui doit recouvrir les ingrédients, puis le calvados.*
- *Couvrir et souder le couvercle de la terrine avec de la farine délayée d'un peu d'eau.*
- *Mettre à four moyen (th. 6/7) pendant 1 heure, puis baisser la température du four (th. 4) et laisser cuire au moins 6 heures encore.*

Les tripes seront servies brûlantes avec des pommes de terre vapeur et du cidre.

Andouille de Vire boulangère

⌛ **Préparation : 20 minutes**
✴ **Cuisson : 40 minutes**

Célèbre par-delà sa région d'origine, l'andouille de Vire doit sa réputation à un savoir faire ancestral remontant au XVIIIᵉ siècle. Composée de ventrée de porc mise en saumure, elle a un goût très particulier dû en grande partie au fumage au bois de hêtre en cheminée, durant de longues semaines. Sa couleur noire en est le résultat.

Pour 4 personnes

- 4 pommes de terre
- 2 pommes (boskoop)
- 1 andouille de 400 g
- 1 oignon
- 3 échalotes
- 4 gousses d'ail
- 1 bouquet garni
- 50 g de beurre
- 4 dl de bouillon de volaille
- Sel et poivre

🌿 *Éplucher les pommes de terre et les pommes-fruits, les émincer.*

🌿 *Peler l'oignon et les échalotes, puis les couper en lamelles.*

🌿 *Faire fondre le beurre dans une cocotte, ajouter les ingrédients préparés.*

🌿 *Faire revenir sans colorer avec l'ail épluché et le bouquet garni pendant 5 minutes.*

🌿 *Mouiller avec le bouillon de volaille, saler et poivrer.*

🌿 *Amener à ébullition et rajouter l'andouille entière.*

🌿 *Cuire à couvert à feu très doux 35 minutes.*

Pour servir, découper l'andouille en grosses rondelles. Les disposer sur un plat chaud autour de la garniture dont on aura retiré le bouquet garni.

Sur la carte postale, l'ancienne porte de Vire, avec la tour de l'Horloge posée dessus.

28

Quiche de Honfleur

Pour 4 personnes

- 250 g de pâte brisée
- 1,5 l de moules
- 18 huîtres
- 100 g de crevettes décortiquées
- 250 g de crème fraîche
- 3 œufs
- 25 cl de lait
- Muscade, sel et poivre

⌛ **Préparation : 50 minutes**   ☀ **Cuisson : 1 heure**

- Faire cuire les moules bien lavées à la marinière.
- Réduire le jus de cuisson de 2/3.
- Pocher les huîtres écaillées sans laisser bouillir. Égoutter.
- Étaler la pâte dans une tourtière, piquer le fond à la fourchette et cuire à blanc au four (th. 6/7) pendant 10 minutes.
- Dans une jatte, battre les œufs avec la crème, un peu de muscade, sel et poivre.
- Ajouter moules, huîtres, crevettes.
- Bien mélanger et verser sur la pâte précuite.
- Cuire 30 minutes au four (th. 7).

Servir très chaud.

La tante Coralie de Honfleur n'avait pas sa pareille pour réussir la quiche aux fruits de mer. Pendant qu'elle faisait provision des meilleurs produits au marché du dimanche matin, nous arpentions les rues avec mes parents, rendant visite aux voiliers amarrés au vieux bassin, retrouvant la Maison Satie, le musée de la Marine et l'église Sainte-Catherine. L'endroit n'a rien perdu de son charme.

Entièrement en bois, le campanile de l'église Sainte-Catherine et ses renforts servant à contenir le mouvement des cloches.

29

Rognons de pré-salé "comme à Granville"

Terre de marins, la région de Granville voyait partir les corsaires dont le célèbre corsaire à la jambe de bois, et plus tard les morutiers pour Terre-Neuve. Cela n'empêcha pas les Granvillais de savoir cuisiner la viande offerte par les prés-salés tout proches. Cette recette accommode de façon surprenante les rognons d'agneau avec des chipolatas. La liste des ingrédients et la lecture de la préparation donnent le ton sur la saveur du plat...

Pour 4 personnes
- 4 rognons de mouton de pré-salé
- 8 chipolatas
- 8 têtes de gros champignons de Paris
- 200 g de petits oignons blancs
- 8 tranches de pain grillé
- 80 g de beurre
- 2 cuillerées à soupe d'huile
- 1 dl de madère
- Sel et poivre

⧗ **Préparation : 40 minutes** ☀ **Cuisson : 25 minutes**

☙ *Parer les rognons et les couper en 2 dans la longueur.*
☙ *Les faire sauter dans 50 g de beurre, 4 minutes sur chaque face.*
☙ *Garder au chaud.*
☙ *Éplucher les oignons, les cuire à la poêle avec le restant de beurre et un verre d'eau chaude pendant 5 minutes.*
☙ *Saler, poivrer, réserver.*
☙ *Faire griller les chipolatas et les têtes de champignons dans l'huile très chaude.*
☙ *Déglacer avec le madère et donner quelques bouillons.*
☙ *Sur un plat chaud, dresser les tranches de pain grillé, poser 1/2 rognon sur chacune.*
☙ *Entourer des oignons, des champignons et des chipolatas.*
☙ *Arroser les rognons avec le jus au madère.*

Lumière et bateaux échoués
sur l'avant-port de Granville.

Jambon au cidre et beurre demi-sel

Histoire de tromper la réputation bovine de la Normandie, voici que le célèbre porc de Bayeux noir et blanc est ici à l'honneur. Cette recette regroupe tout ce que la région produit de spécifique : pommes bien sûr, cidre évidemment, beurre demi-sel et crème épaisse. Pas ruineux, facile à faire, "goûtu" à souhait, c'est le plat idéal pour contenter son monde et profiter de ses invités !

Pour 4 personnes

· 4 épaisses tranches de jambon blanc
· 6 échalotes
· 4 pommes à cidre
· 25 cl de crème épaisse
· 60 g de beurre demi-sel
· 2 verres de cidre brut
· 1 cuillerée à soupe de vinaigre de cidre
· Sel et poivre

Préparation : 20 minutes
Cuisson : 30 minutes

Éplucher et émincer les échalotes.

Les faire fondre à la poêle avec 20 g de beurre, ajouter le cidre, saler légèrement et poivrer.

Laisser mijoter à découvert 15 minutes.

Ajouter la crème et cuire encore 5 minutes à feu très doux.

Éplucher les pommes, les couper en lamelles et faire dorer à la poêle avec 20 g de beurre.

Poivrer et réserver.

Faire dorer les tranches de jambon avec le beurre restant sur les deux faces.

Servir aussitôt les tranches nappées de sauce à la crème et entourées des pommes cuites.

LES POISSONS ET LES CRUSTACÉS

Heureux comme un poisson dans… les eaux normandes ! C'est du moins ce que penserait ce dernier s'il connaissait comme nous la diversité des côtes normandes, du Tréport au Mont-Saint-Michel. On découvre ici de hautes falaises crayeuses barrées de profondes "valleuses", là de larges plages de sable fin, ailleurs des roches découpées brisant les vagues de la Manche. Quelle diversité de formes et de couleurs, quelle diversité de paysages !

Mais, dirait le poisson, les fonds sous-marins sont à l'image de vos paysages ! L'on y trouve de vastes étendues de sable et de sombres fosses marines. L'on peut se reposer à l'abri des courants ou chasser sa nourriture au creux des falaises. Ce pourrait être un endroit merveilleux…

"Ce pourrait être, mais…" car de Dieppe, de Fécamp, de Port-en-Bessin partent des ligneur-caseyeurs, des chalutiers, des canots, à l'appétit glouton.

Finalement, le paradis n'est ni sur terre ni en mer, mais plutôt dans un bon plat de poissons !

Honfleur. Bateaux de pêche à l'amarre,
sous le regard de la Lieutenance.

35

La chaudrée de Dieppe

Chaque région de bord de mer propose sa soupe de poissons : bouillabaisse marseillaise, cotriade bretonne, matelote de Honfleur... Voici la chaudrée dieppoise telle qu'on la cuisine dans les auberges du port.

Les tours du château de Dieppe.

Pour 6 personnes
- 1 kg 500 de poissons (congre, grondin, saint-pierre, vive...)
- 1/2 litre de moules
- 1 branche de céleri
- 3 poireaux
- 4 oignons
- 1 bouquet garni
- 50 g de beurre
- 1 dl de crème fraîche
- 1/2 litre de vin blanc sec
- Petits croûtons frits
- Sel et poivre

⌛ **Préparation : 30 minutes**

☀ **Cuisson : 1 heure**

- Faire cuire les moules bien lavées à la marinière.
- Les décoquiller et conserver le jus.
- Verser le vin blanc dans une grande marmite pour faire un fumet avec le jus des moules.
- Couper les têtes de poissons en deux, bien les laver, les mettre dans le liquide bouillant.
- Ajouter les légumes lavés et émincés, le bouquet garni, sel et poivre.
- Couvrir et cuire à feu moyen 35 minutes.
- Couper les poissons en morceaux réguliers et les placer dans un sautoir.
- Saler et poivrer.
- Passer le fumet au chinois, verser sur les poissons.
- Ajouter le beurre et la crème, bien mélanger.
- Laisser cuire à feu doux 10 minutes.
- Ajouter les moules et cuire encore 5 à 6 minutes.
- Dans un grand plat chaud, dresser les morceaux de poissons entourés de croûtons frits.

Servir à part le jus brûlant.

Sole à la normande

Pour 4 personnes

- 4 beaux filets de sole
- 100 g de crevettes cuites
- 12 queues d'écrevisses cuites
- 125 g de champignons de Paris
- 60 g de beurre
- 2 dl de crème épaisse
- 1 jaune d'œuf
- Farine
- 1 citron
- 1 cuillerée de lait
- Sel et poivre

Autre temps... ou comment profiter des bains de mer sans révéler ses formes.

Attention, il ne faut pas confondre sole normande et sole à la dieppoise. Pour cette dernière, prévoir moules, crevettes et champignons. La première recette, elle, ajoute des écrevisses, des huîtres, des petits éperlans frits et des lamelles de truffe à la véritable sauce normande. Voici une recette un peu simplifiée mais néanmoins délicieuse.

⧗ **Préparation : 20 minutes** ☀ **Cuisson : 25 minutes**

- *Décortiquer au besoin crevettes et queues d'écrevisses.*
- *Laver les filets de sole et bien les sécher.*
- *Saler et poivrer légèrement sur les deux faces.*
- *Humecter d'un peu de jus de citron et passer dans la farine.*
- *Faire chauffer 40 g de beurre dans une grande poêle et faire dorer les filets des deux côtés.*
- *Pendant ce temps, faire cuire les champignons dans le reste de beurre.*
- *Arroser de crème, saler, poivrer.*
- *Laisser épaissir à feu doux.*
- *Ajouter les crevettes et les écrevisses.*
- *Hors du feu, lier avec le jaune d'œuf délayé dans le lait.*
- *Disposer les filets de sole sur un plat chaud et napper de sauce.*

Servir aussitôt. Avec ce plat, on peut déguster un bourgogne blanc.

Turbotin du Havre gratiné

Pour 4 personnes
- *1 turbot de 1 kg*
- *1/2 litre de moules*
- *1/2 litre de vin blanc sec*
- *15 cl de crème fraîche*
- *50 g de beurre*
- *1 feuille de laurier*
- *3 jaunes d'œufs*
- *Sel et poivre*

Alors que le port de Harfleur s'envase, François Ier décrète en 1517 la construction d'un nouveau port baptisé Havre-de-Grâce. C'est le point de départ d'une expansion qui persistera jusqu'à la seconde guerre mondiale, des grandes découvertes (Champlain, entre autres, vers le Canada en 1604), du port militaire, du commerce vers les Amériques. Le Havre résonne encore des trompes des transatlantiques partant pour le Nouveau Monde. Et les fantômes des migrants errent toujours sur les quais parmi les caisses et les chariots de marchandises...

. Le "Provence" au port du Havre.

Le "Français" en partance pour le pôle Sud.

Ambiance maritime au temps de la Belle époque au Havre.

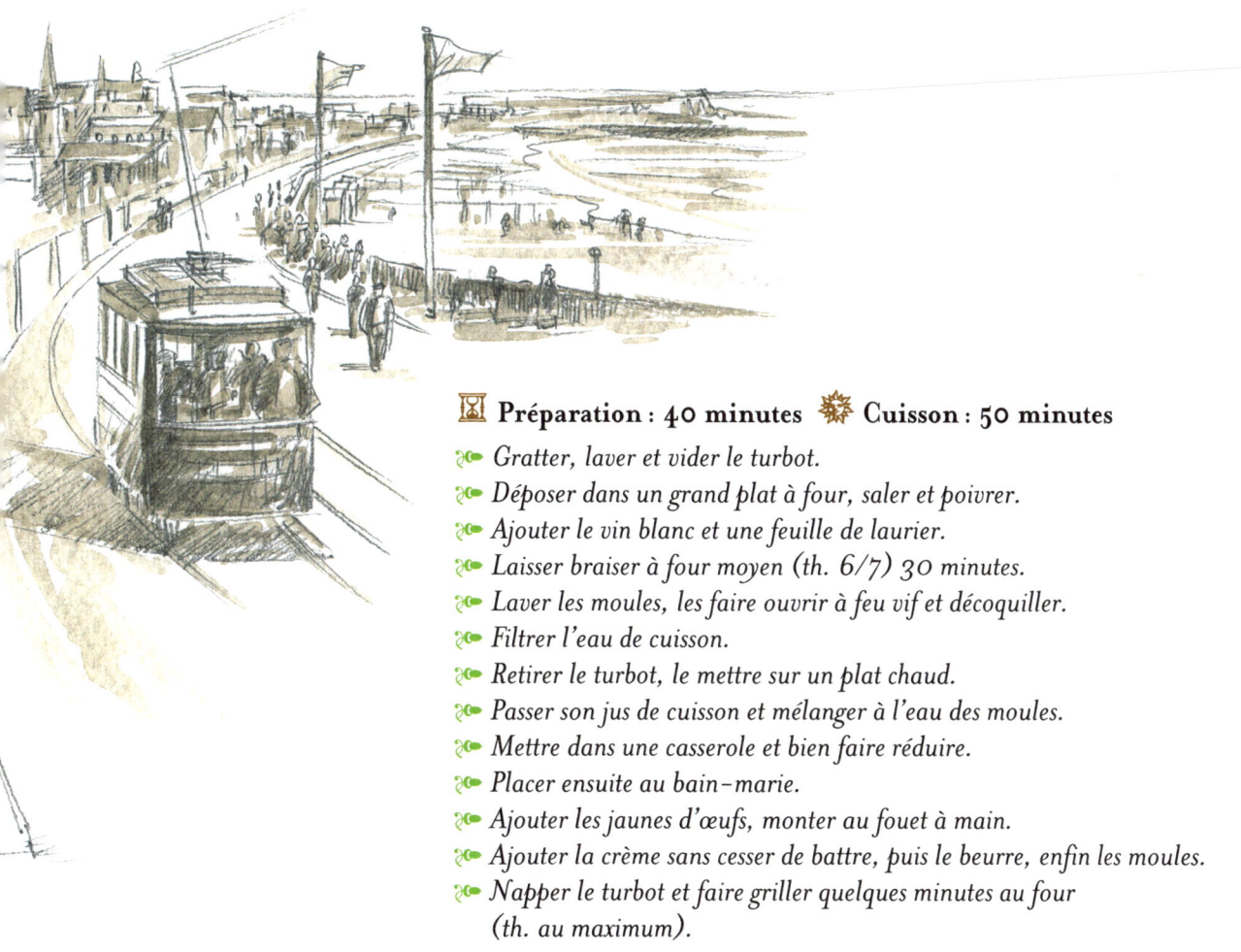

⧖ **Préparation : 40 minutes** ☀ **Cuisson : 50 minutes**

🌱 *Gratter, laver et vider le turbot.*

🌱 *Déposer dans un grand plat à four, saler et poivrer.*

🌱 *Ajouter le vin blanc et une feuille de laurier.*

🌱 *Laisser braiser à four moyen (th. 6/7) 30 minutes.*

🌱 *Laver les moules, les faire ouvrir à feu vif et décoquiller.*

🌱 *Filtrer l'eau de cuisson.*

🌱 *Retirer le turbot, le mettre sur un plat chaud.*

🌱 *Passer son jus de cuisson et mélanger à l'eau des moules.*

🌱 *Mettre dans une casserole et bien faire réduire.*

🌱 *Placer ensuite au bain-marie.*

🌱 *Ajouter les jaunes d'œufs, monter au fouet à main.*

🌱 *Ajouter la crème sans cesser de battre, puis le beurre, enfin les moules.*

🌱 *Napper le turbot et faire griller quelques minutes au four (th. au maximum).*

Demoiselles de Cherbourg façon normande

On croise parfois au marché de Cherbourg de jolies demoiselles en robe d'un bel orangé pâle. Pour qui veut les aborder, ce sera en fin de printemps, avant que la saison estivale ne commence. Elles sont farouches et les apprivoiser n'est pas chose facile. Mais si vous avez la chance de les séduire, elles s'habilleront de feuilles de laurier, se parfumeront de calvados et se poudreront de curry d'or...
Conquis par leur chair tellement savoureuse et délicate, les habitants de Cherbourg nomment joliment "demoiselles" les langoustines préparées façon normande.

Le plus petit port de France, dit-on, port Racine,
à l'extrême pointe ouest du Cotentin.

40

Pour 4 personnes

- 16 langoustines
- 2 tomates
- 1 oignon
- 3/4 de litre de vin blanc sec
- 1 cl de calvados
- 10 cl de crème fraîche
- 2 cuillerées à café de curry
- 2 feuilles de laurier
- Sel et poivre

⏳ **Préparation : 20 minutes** ☀ **Cuisson : 45 minutes**

🌿 *Dans une marmite, verser le vin blanc et 3/4 de litre d'eau.*

🌿 *Ajouter les tomates lavées, épluchées et épépinées, ainsi que l'oignon épluché et émincé.*

🌿 *Saler, poivrer, ajouter curry, laurier et calvados.*

🌿 *Couvrir et cuire à feu moyen 30 minutes.*

🌿 *Jeter alors les langoustines dans ce court-bouillon et cuire 10 minutes à découvert.*

🌿 *Secouer de temps à autre.*

🌿 *Retirer les langoustines et garder au chaud.*

🌿 *Faire réduire l'eau de cuisson à feu très vif (en conserver environ 1/2 litre).*

🌿 *Mettre cette eau dans une casserole, mélanger la crème et laisser mijoter 5 minutes à très petit feu.*

🌿 *Disposer les langoustines dans un plat creux bien chaud et napper de sauce.*

41

Truites farcies "bord de mer"

La truite de mer, d'une jolie couleur argentée, possède une chair rosée du fait de son alimentation composée principalement de petites crevettes. On l'appelle alors truite saumonée. Comme sa cousine à chair blanche de nos ruisseaux, on peut la garnir de multiples façons. La voici accompagnée de haddock (celui du capitaine!), de colin, de noix de Saint-Jacques, de multiples ingrédients et de l'inévitable crème de "cheu nous".

Pour 4 personnes

- 4 belles truites
- 300 g de haddock
- 300 g de colin
- 8 coquilles Saint-Jacques
- 2 oignons
- 2 échalotes
- 2 carottes
- 2 gousses d'ail
- 4 bardes de lard
- 150 g de beurre
- 1 pincée de thym
- 1 cuillerée à soupe de crème
- 1 cl de vin blanc sec
- Sel et poivre

Pour servir :

- 150 g de beurre
- 1 dl de crème
- Sel et poivre

⌛ **Préparation : 30 minutes** ❈ **Cuisson : 35 minutes**

- *Vider et laver les truites, fendre le dos et enlever l'arête centrale.*
- *Hacher finement tous les ingrédients (légumes épluchés).*
- *Saler et poivrer, parsemer de thym.*
- *Ajouter la crème et le vin blanc, bien mélanger.*
- *Remplir l'entaille des truites avec la préparation.*
- *Envelopper chacune dans une barde de lard, lier avec de la ficelle à brider.*
- *Beurrer une plaque à four, déposer les truites côte à côte.*
- *Mettre à four moyen (th. 7) 25 à 30 minutes.*
- *Arroser de temps en temps avec la graisse de cuisson.*
- *Préparer un beurre fondu en mélangeant 150 g de beurre et 1 dl de crème.*
- *Saler et poivrer.*
- *Enlever les bardes et arroser les truites avec cette sauce.*

Servir très chaud.

Bar rôti de Port-en-Bessin

La région est riche d'Histoire et d'histoires, la grande et les petites. Par-delà les siècles, les batailles s'y sont succédé, de Guillaume le Conquérant aux plages du débarquement. La mémoire des disparus y est vive car on la cultive au travers des monuments et mémoriaux. On ne manquera pas de leur rendre quelques visites.

Pour 4 personnes
- 1 bar d'environ 800 g
- 60 g de beurre
- 1 barde de lard
- 2 tomates
- 2 échalotes
- 1 dl de cidre sec
- 1 cl de calvados
- 3 cuillères à soupe de crème
- Bouquet garni
- Chapelure
- Sel, poivre, huile

⌛ **Préparation : 30 minutes**
☀ **Cuisson : 50 à 55 minutes**

- Le bar vidé, lavé et épongé, garnir l'intérieur d'un peu de beurre et poivrer.
- Envelopper avec la barde, ficeler.
- Déposer dans un plat à four.
- Entourer de rondelles de tomates, d'échalotes émincées et mettre le bouquet garni.
- Napper d'huile et cuire à four doux (th. 5) pendant 45 minutes.
- Arroser de temps à autre avec la graisse de cuisson.
- Retirer la barde, déposer le poisson sur le plat de service chaud.
- Saupoudrer le dessus de chapelure.
- Verser le jus de cuisson dans une casserole, ajouter le calvados et donner 1 ou 2 bouillons.
- Passer au chinois.
- Ajouter la crème et faire chauffer.

Servir aussitôt, sauce à part, en saucière chaude.

Filets de poissons à la mode cauchoise

Que de galets n'avons-nous pas ramassés sur la grève et lancés dans les vagues, frappant la mer au cœur! Des heures durant, avant que la cloche de la maison ne nous appelle pour le repas de midi.

Pour 4 personnes
- 8 filets : limande, sole ou carrelet
- 1 carotte
- 1 oignon
- thym, laurier, persil
- 1/4 de l de vin blanc

Sauce :
- 75 g de beurre
- 1 oignon
- 1/2 citron
- 1 cuillère à soupe de farine
- 1 cl de crème fraîche
- 1/2 l de cidre sec
- Sel, poivre, muscade

⌛ **Préparation : 30 minutes** ☀ **Cuisson : 40 minutes**

- Faire un court-bouillon avec tous les ingrédients.
- Cuire de 20 à 25 minutes et laisser refroidir.
- Disposer les filets de poissons dans un plat à feu long.
- Recouvrir de fumet froid et faire frémir 5 à 6 minutes.
- Pour la sauce, éplucher et émincer l'oignon.
- Faire blondir avec un peu de beurre.
- Ajouter la farine et le beurre restant.
- Bien remuer à la spatule pour faire mousser sans colorer.
- Mouiller avec le cidre, saler, poivrer, ajouter une pincée de muscade râpée.
- Laisser cuire 10 minutes à petit feu.
- Au moment de servir, ajouter la crème et le jus de citron.
- Mélanger au fouet à main sans faire bouillir.
- Dresser les filets sur un plat chaud, arroser de sauce, servir aussitôt.

Véritables et authentiques galets cauchois!

45

Roussette de la région de Caen

Pour 4 personnes

- 800 g de roussette
- 100 g d'épinards
- 4 échalotes
- 1 citron
- 1 jaune d'œuf
- Estragon, persil
- 2 dl de vin blanc sec
- 60 g de beurre
- Sel et poivre

De la famille des requins, la roussette prend le nom commercial de saumonette quand elle est prête à être consommée. Poisson à la chair très appréciée, on l'accommode ici d'herbes et d'épinards, avec un nappage de sauce liée au jaune d'œuf. Et voici un bon requin dans notre assiette !

⌛ **Préparation : 30 minutes**

☀ **Cuisson : 35 minutes**

- Laver le poisson, l'éponger, le couper en 4 morceaux.
- Laver et hacher les épinards avec l'estragon et le persil.
- Faire fondre le beurre dans une cocotte.
- Ajouter les échalotes épluchées et émincées.
- Remuer, déposer les morceaux de poisson et les herbes hachées.
- Saler, poivrer, mouiller avec le vin blanc.
- Laisser frémir doucement 30 minutes.
- Au moment de servir, mettre le jaune d'œuf et le jus de citron dans un bol et mélanger au fouet à main.
- Mettre 1/2 l de sauce de cuisson passée dans une casserole, ajouter le contenu du bol.
- Déposer les morceaux de poisson sur un plat chaud.
- Entourer du hachis d'herbes et arroser de sauce après avoir donné quelques bouillons.

Civet de langouste "côtes normandes"

Si l'on s'en réfère à la définition du mot "civet", on lit que c'est un ragoût de gibier mariné au vin rouge cuit dans une sauce liée au sang. Notre langouste est tout simplement flambée au calvados et mijotée dans une crème normande généreuse. Voilà qui rassurera les puristes tout en comblant leur palais !

Pour 4 personnes

- 1 langouste d'environ 800 g
- 10 moules décoquillées
- 10 crevettes bouquets
- 2 gousses d'ail
- 1 pincée d'estragon haché
- 2 cuillerées à soupe d'huile
- 1/2 l de crème fraîche
- 1 cl de calvados
- Sel et poivre

⏳ **Préparation : 30 minutes** ☀ **Cuisson : 35 minutes**

- *Dans une marmite, faire bouillir de l'eau très salée et pocher la langouste à petit feu 20 minutes.*
- *Laisser refroidir.*
- *Fendre en 2 dans la longueur et couper chaque moitié en 4.*
- *Décortiquer les pattes.*
- *Dans une sauteuse, faire chauffer l'huile et faire sauter tous les morceaux de langouste.*
- *Ajouter l'ail épluché et haché puis flamber au calvados.*
- *Ajouter la crème, bien mélanger.*
- *Mettre enfin les moules et les crevettes décortiquées.*
- *Saler et poivrer.*
- *Cuire à découvert 15 minutes à petit feu.*

La sauce prend une couleur ambrée et devient onctueuse.
Servir très chaud, légèrement poudré d'estragon haché.

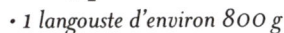

47

LES VOLAILLES
ET LES VIANDES

"*Cil des boschages et cils de plains*" écrivait un chroniqueur médiéval pour qualifier le paysage normand. On dirait à présent "*ici des bocages et ici des plaines*", et l'on voit que le pays n'a point changé ! Prise entre les couches sédimentaires du bassin parisien et l'ancien massif armoricain, la Normandie offre à son cheptel de quoi s'ébattre, se nourrir, s'engraisser dans la riche verdure de ses prairies. Car c'est un véritable écrin que forment l'ombre des pommiers et l'abri des haies pour les animaux.

Canard rouennais, poule de crève-cœur, géant normand (c'est un lapin !), porc de Bayeux, vache normande (forcément), la cuisinière ne manque pas de viande pour contenter son normand de mari et ses petits loupiots.

Les planches, les cabines, refuge des vacances de Françoise et de tous les enfants de la Côte fleurie.

49

Poulet vallée d'Auge

"Heureux comme Dieu en pays d'Auge", pourrait-on dire en paraphrasant une autre locution. Car Dieu est amateur de fromages... normands, bien entendu !
Voilà une région que l'on traverse sans se douter un instant de sa proximité avec la mer, tant ses paysages ont l'assurance des campagnes reconnues. Que sa richesse soit ici louée, que nous goûtions encore longtemps sa quiétude et ses spécialités.

Pour 6 personnes
- 1 poulet de 1 kg 500
- 12 pommes reinette
- 25 cl de crème fraîche
- 2 verres de cidre brut
- 2 cl de calvados
- 12 petits oignons
- 50 g de beurre
- 20 cl de bouillon de volaille
- Persil, sel et poivre

 Préparation : 30 minutes
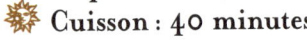 **Cuisson : 40 minutes**

- Faire chauffer le beurre dans une cocotte et dorer le poulet avec les oignons épluchés.
- Mettre au four à découvert (180°) pendant 20 minutes.
- Vider les pommes sans les éplucher.
- Les disposer autour du poulet et remettre au four 15 minutes.
- Enlever les pommes à l'écumoire et garder au chaud.
- Sortir la cocotte du four.
- Arroser le poulet de calvados et flamber.
- Ajouter le bouillon de volaille et le cidre.
- Faire mijoter 10 minutes à feu doux.
- Sortir le poulet et réserver au chaud.
- Réduire de moitié le jus de la cocotte à petits bouillons.
- Ajouter la crème, cuire très doucement 3 minutes environ.
- Ajouter le beurre, bien mélanger, saler et poivrer.
- Découper le poulet. Dresser sur un plat très chaud, napper de sauce.
- Disposer les pommes autour de la volaille et parsemer d'un peu de persil finement haché.

Poulet François Ier (région du Havre)

Pour l'historique de la ville, se reporter à la page 38. Pour la recette, on consultera cette page-ci, la liste des ingrédients ainsi que la préparation. Et l'on mesurera alors combien est grande la reconnaissance des Havrais pour le roi François Ier, fondateur de leur port florissant. Mais le monarque a-t-il seulement goûté cette recette? Dans le doute, faisons-lui honneur sans tarder!

⧖ **Préparation : 40 minutes**
☀ **Cuisson : 50 minutes**

- *Découper le poulet en 4 et faire dorer au beurre (50 g) dans une cocotte.*
- *Laver, essorer, émincer les champignons, les ajouter autour du poulet.*
- *Éplucher les oignons, les ajouter également.*
- *Faire mijoter 5 minutes.*
- *Verser le calvados et flamber.*
- *Mouiller avec la crème.*
- *Couvrir et laisser mijoter 40 minutes après avoir salé et poivré.*
- *Éplucher les pommes, les couper en petits morceaux.*
- *Faire sauter dans une poêle avec le beurre restant.*
- *Réchauffer les tartelettes et les garnir de pommes.*
- *Dresser la viande avec sa sauce dans un plat creux bien chaud.*

Pour 4 personnes
- *1 poulet fermier de 1 kg 200*
- *250 g de petits oignons*
- *250 g de champignons de Paris*
- *4 tartelettes de pâte brisée*
- *4 pommes*
- *1/2 l de crème*
- *80 g de beurre*
- *1 cl de calvados*
- *Sel et poivre*

Passé Honfleur, se profile le pont de Normandie et ses 2 141 mètres de longueur.

Cailles en douillons à l'ancienne

Les douillons sont de petites enveloppes de pâte dans lesquelles se cachent des pommes qui dissimulent des cailles! Autant dire que cette recette revêt de multiples surprises... pour les invités seulement car tout vous est déjà dévoilé ici!
La version sucrée existe en page 78 sous le nom de bourdelots.

Pour 4 personnes

- 4 petites cailles
- 400 g de pâte brisée
- 4 grosses pommes
- 1 verre de bouillon de volaille
- 1/2 verre de calvados
- 1 verre de cidre sec
- 1 oignon
- 1 citron
- 75 g de beurre
- 1 œuf
- Sel et poivre

⏳ **Préparation : 30 minutes** ☀ **Cuisson : 40 minutes**

- Éplucher les pommes.
- Les couper aux 2/3 pour former un couvercle et creuser largement l'intérieur.
- Mettre une noisette de beurre à l'intérieur des cailles.
- Dans une poêle, dorer légèrement de tous côtés avec 30 g de beurre.
- Saler et poivrer.
- Déposer chaque caille dans une pomme.
- Arroser de calvados et mettre le couvercle du fruit.
- Enfermer hermétiquement chaque pomme dans une abaisse de pâte.
- Poser les douillons côte à côte dans un plat et badigeonner d'un peu de jaune d'œuf battu.
- Cuire à four chaud (th. 7/8) 25 minutes environ.
- Piquer un douillon au couteau pour vérifier la cuisson.
- Faire dorer au beurre l'oignon épluché et finement haché.
- Mouiller avec le cidre et le bouillon de volaille.
- Ajouter le jus de citron, saler et poivrer.
- Bien faire réduire et filtrer.

Servir les douillons brûlants avec la sauce à part.

Bonhomme normand à la mode de Vire

Voici bien une recette à la présentation fantaisiste! Quelle surprise réserve donc ce "bonhomme" de mie de pain grillé, couché sur son lit de cresson?
C'est ce qu'on appelle la "surprise du chef"!

Pour 4 personnes

- 1 jeune canard
- 1 grande barde de lard
- 500 g de pommes reinettes
- 1 pain de mie
- 80 g de beurre
- 1/4 de l de crème
- 1 dl de cidre sec
- 1 cl de calvados
- Sel et poivre

⌛ **Préparation : 30 minutes** ☀ **Cuisson : 45 minutes**

- Saler et poivrer l'intérieur du canard et le barder.
- Mettre en cocotte avec 30 g de beurre.
- Cuire au four (th. 8) à découvert 30 minutes.
- Retirer du four puis flamber au calvados.
- Enlever le canard, garder au chaud.
- Déglacer au cidre et faire réduire de moitié.
- Ajouter la crème petit à petit en remuant bien.
- Faire réduire d'un quart environ.
- Éplucher les pommes, les couper en lamelles épaisses et les faire sauter dans le reste de beurre.
- Couper le pain de mie en deux dans la longueur.
- Évider et faire dorer ces croûtes au beurre.
- Déposer sur un grand plat, garnir une des croûtes de pommes.
- Déposer par-dessus le canard débridé et découpé en morceaux.
- Recouvrir de l'autre moitié du pain de mie.
- Ajouter une noix de beurre dans la sauce, bien mélanger et servir à part en saucière.

Le plat pourra être garni de petites touffes de cresson.

Dinde farcie façon normande

Attention, cette dinde-ci n'a rien d'académique! On entend par là que sa préparation n'a pas grand-chose à voir avec celle, classique, de la simple volaille rôtie, voire celle, plus sophistiquée, des fêtes de fin d'année.

Farcie certes, notre dinde sera ensuite cuite au bouillon de légumes et servie nappée de sauce à la crème. Naturellement, cidre et calva parfumeront le tout!

Pour 6 personnes

- 1 dinde d'environ 3 kg
- 300 g de foies de volaille
- 300 g de chair à saucisse
- 250 g d'oignons
- 8 pommes reinettes
- 2 carottes
- 2 pommes de terre
- 1 poireau
- 2 tomates
- 100 g de haricots verts
- 25 cl de crème
- 2 l de cidre sec
- 2 verres à liqueur de calvados
- 100 g de beurre
- 3 cuillerées à soupe d'huile
- Sel et poivre

- *Peler et émincer les oignons, les hacher avec les foies.*
- *Éplucher et couper les pommes en petits dés.*
- *Dans une grande poêle, faire fondre 50 g de beurre et dorer le hachis avec la chair à saucisse et les pommes.*
- *Mouiller d'un verre de calvados, saler et poivrer.*
- *Bien mélanger.*
- *Farcir la dinde et recoudre l'ouverture.*
- *Faire bouillir l'eau dans une grande marmite.*
- *Ajouter tous les légumes lavés et épluchés, le cidre et un verre de calvados.*
- *Saler et poivrer, laisser mijoter.*
- *Enduire la dinde d'huile au pinceau et faire dorer de toutes parts dans une cocotte.*
- *Plonger la volaille dans le bouillon.*
- *Cuire 1 h 30 à couvert.*
- *Retirer la dinde et garder au chaud.*
- *Faire réduire le bouillon de moitié puis ajouter la crème et laisser cuire doucement 15 minutes à découvert.*
- *Mixer et garder au chaud.*
- *Découper la dinde après avoir retiré la farce.*
- *Dresser sur un plat très chaud et napper de sauce onctueuse aux légumes.*

Lapin de garenne façon "bracos normands"

Par bracos on entend braconniers, mais chuuut! Toutefois, si vous êtes dans la légalité, deux solutions: vous avez un fusil, un permis et un chien. Attendez donc l'ouverture de la chasse pour lancer les invitations à vos amis. Dans le second cas, gagnez le marché le mieux achalandé en gibier pour trouver un garenne de bonne taille. Prévoyez dans ce cas un grand panier car la liste des commissions ne s'arrête pas là! Rentrez au plus tôt, la cuisinière a besoin de temps pour la marinade!

Pour 4 personnes

- 1 lapin sauvage de 1 kg 200 ou 2 petits
- 1 l de cidre brut
- 1 verre à liqueur de bénédictine
- 6 pommes reinettes
- 500 g de raisin muscat blanc
- 1 bouquet garni
- 3 feuilles de sauge
- 5 grains de genièvre
- 80 g de beurre
- 1 cuillerée à soupe de fécule
- Sel et poivre

⧖ **Préparation : 40 minutes + 24 heures**

✵ **Cuisson : 50 minutes**

- *La veille, couper le lapin en morceaux.*
- *Faire une marinade avec le cidre, le bouquet garni, la sauge et le genièvre écrasé.*
- *Déposer la viande dans ce mélange, couvrir et garder au frais.*
- *Au moment de la cuisson, égoutter le lapin, éponger.*
- *Dans une cocotte, bien faire dorer la viande au beurre (50 g), saler et poivrer.*
- *Mouiller à hauteur avec la marinade passée.*
- *Ajouter la bénédictine, couvrir et laisser mijoter à petit feu 35 minutes.*
- *Ajouter les raisins lavés et cuire encore doucement 15 minutes.*
- *Éplucher les pommes, les tailler en lamelles et faire revenir dans le reste de beurre.*
- *Saler, poivrer, réserver.*
- *Dans un bol, mélanger la fécule avec un peu d'eau froide.*
- *Ajouter 3 cuillerées de sauce et incorporer au contenu de la cocotte d'où l'on aura ôté les morceaux de lapin.*
- *Battre très vite au fouet à main et donner un seul bouillon.*
- *Disposer les pommes autour de la viande et arroser de sauce bien chaude.*

Pot-au-feu de gigot d'agneau

Il arrivait que nos vacances au bocage soient contrariées par le temps humide. Ce n'était pas forcément exceptionnel! Alors, nous jouions dans l'immense grange au bout de la pâture, rendions visite au cheval à l'écurie, faisions fuir les pigeons au colombier par nos cris et nos gestes. La voix grondeuse de ma tante nous appelait vers midi. Et nous rentrions crottés jusqu'aux genoux, fatigués de tant de course, et pas si affamés que ça car nous avions volé au cochon quelques pommes de terre chaudes!
Mais l'appétit revenait bien vite à l'odeur si agréable du pot-au-feu.

Pour 6 personnes

- 1 gigot d'agneau de 1 kg 500
- 350 g de navets
- 6 poireaux
- 2 gousses d'ail
- 450 g de carottes
- 2 branches de céleri
- 3 oignons piqués de clous de girofle
- 1 bouquet garni
- 2 cuillerées à soupe de câpres
- 25 cl de crème épaisse
- 150 g de beurre
- 100 g de farine
- 1 cl de calvados
- Sel et poivre

⏳ **Préparation : 30 minutes** ☀ **Cuisson : 2 h 35**

🍃 *Dans une grande marmite, porter de l'eau à ébullition, saler, poivrer, ajouter le calvados.*

🍃 *Éplucher les légumes, laisser entiers navets, oignons et carottes.*

🍃 *Couper céleri et poireaux en tronçons.*

🍃 *Jeter dans l'eau bouillante avec le bouquet garni.*

🍃 *Laisser mijoter à couvert 1 heure.*

🍃 *Frotter d'ail le gigot et le plonger dans le bouillon.*

🍃 *Couvrir et cuire encore 1 h 30.*

🍃 *Dans une casserole, mélanger beurre fondu et farine.*

🍃 *Ne pas laisser dorer et délayer au fouet à main avec 50 cl de bouillon de cuisson.*

🍃 *Cuire à feu très doux 4 à 5 minutes.*

🍃 *Au moment de servir, ajouter la crème et les câpres.*

🍃 *Donner un seul bouillon et verser en saucière.*

Servir le gigot débité en tranches et entouré des légumes.

Certains ajoutent un petit chou blanc et quelques pommes de terre cuites à part dans le bouillon.

Foie de veau de l'Orne

Le foie, comme les autres abats, n'est pas ici présenté selon la tradition du pays de l'Orne. En effet, il est d'habitude coupé et enfilé en brochettes sur des bâtonnets de noisetier appelés "billettes".
Laissé entier, ce foie est piqué de lard et flambé au calvados. Bien mijoté avec des oignons, il est ensuite garni de carottes en rondelles. On n'omettra pas de placer sur la table une bonne bouteille de cidre, voire plus, en accompagnement.

Pour 4 personnes

- 1 foie de veau de 800 g
- 100 g de lard à barder
- 200 g de couennes de lard
- 500 g de carottes
- 125 g de petits oignons
- 50 g de beurre
- 1 cl de calvados
- 1 cuillerée à soupe de farine
- 10 cl de cidre brut
- 1 morceau de sucre
- 2 clous de girofle
- Sel et poivre

 Préparation : 40 minutes
Cuisson : 1 h 50

- Détailler la barde en bâtonnets et en piquer le foie de toutes parts.
- Dans une sauteuse, faire fondre le beurre et faire dorer le foie sur toutes les faces.
- Flamber au calvados et retirer.
- Dans le beurre chaud, faire un roux avec la farine.
- Délayer avec 1/4 de l d'eau chaude et le cidre.
- Tapisser le fond d'une cocotte avec les couennes de lard.
- Verser dessus le roux brun.
- Poser le foie, entourer des petits oignons épluchés.
- Ajouter sucre, girofle et bouquet garni.
- Faire mijoter 3 minutes puis mettre au four (th.6) pendant 1 heure.
- Ajouter alors les carottes épluchées et coupées en rondelles.
- Cuire encore au four 45 minutes.
- Retirer le foie, les couennes, les carottes et tenir au chaud.
- Ôter bouquet garni et girofle.
- Saler, poivrer et passer la sauce au chinois.
- Verser sur le foie. Servir aussitôt accompagné de cidre.

Houlgate, jolie maison
de ville typique.

Côtes de veau au pont-l'évêque

"Bras d'ssus bras d'ssous", le pont-l'évêque et le calvados accompagnent généreusement les côtes de veau, veau qui abonde ici. D'autant plus qu'on habillera ces côtes de crème et de beurre ajouté, pour faire bonne mesure.

Pour 4 personnes
- 4 côtes de veau
- 400 g de champignons de Paris
- 1/2 pont-l'évêque
- 20 cl de crème fraîche
- 80 g de beurre
- 1 petit verre de calvados
- Sel et poivre

⏳ **Préparation : 20 minutes**   ☀ **Cuisson : 15 minutes**

- Saisir les côtes de veau sur les deux faces dans 30 g de beurre.
- Saler, poivrer, baisser le feu et cuire encore quelques minutes.
- Flamber au calvados. Réserver.
- Nettoyer et émincer les champignons.
- Leur faire rendre l'eau à la poêle à feu vif.
- Ajouter le reste de beurre, saler, poivrer et cuire doucement 5 minutes.
- Dans la poêle de cuisson de la viande, mettre le fromage sans sa croûte coupé en lamelles.
- Ajouter la crème et laisser fondre à petit feu.
- Servir les côtes de veau entourées des champignons et nappées de sauce très chaude.

Sauté de veau moelleux au cidre

⌛ **Préparation : 30 minutes**

✦ **Cuisson : 55 à 60 minutes**

- Découper la viande en gros cubes.
- Verser l'huile dans une cocotte et bien faire dorer.
- Ajouter oignons et échalotes épluchés et émincés et le bouquet garni.
- Saler et poivrer.
- Mouiller avec 3 dl de cidre, couvrir et cuire à feu moyen 50 minutes.
- Retirer la viande, passer la sauce au chinois, puis remettre les morceaux d'épaule dans la cocotte.
- Dans une casserole, faire un roux blanc avec le beurre et la farine.
- Mouiller avec 1/4 de litre de cidre, bien délayer.
- Saler et poivrer.
- Donner quelques bouillons.
- Ajouter la crème, bien mélanger.
- Verser sur la viande dans la cocotte.
- Ajouter le jus de citron en battant au fouet à main.
- Donner un ou deux bouillons.
- Dresser dans un plat creux bien chaud.

Accompagner de pommes de terre nouvelles rissolées.

Pour 4 personnes

- 800 g d'épaule de veau
- 1 oignon
- 2 échalotes
- 1 bouquet garni
- 1 citron
- 40 g de beurre
- 40 g de farine
- 200 g de crème fraîche
- 1/4 de l de cidre sec + 3 dl
- 2 cuillerées à soupe d'huile
- Sel et poivre

Veau moelleux, évidemment, que la ménagère normande prépare couramment pour satisfaire ses invités. À la saison des pommes, on rajoute quelques quartiers de fruits dorés avec la viande. Plat tellement traditionnel que les hôtes seraient très déçus de ne pas en sentir l'odeur dès la porte franchie.

63

Côtes de porc de Bayeux

Bayeux et le Bessin. Comment parler de plus de vingt siècles d'histoire, du patrimoine remarquablement conservé, du maillage géométrique de ses bocages si typiques, tant de notions en si peu de lignes.
Et sait-on seulement qu'une tapisserie conte le débarquement de 1944 sur le modèle de celle de la conquête de Guillaume le Conquérant ?
Goûtons donc à la fois le pays et ses spécialités, à commencer par la recette suivante.

Pour 4 personnes

- 4 côtelettes de 150 g à 200 g
- 1 tasse de crème épaisse
- 1 cuillerée à café de moutarde
- 1 cuillerée à café de vinaigre de cidre
- 50 g de gruyère râpé
- 4 gousses d'ail
- 2 cuillerées à soupe d'huile
- Sel et poivre

⏳ **Préparation : 10 minutes** 🌞 **Cuisson : 15 minutes**

- Bien faire dorer à l'huile sur les deux faces les côtes entourées de l'ail non épluché.
- Déposer dans un plat à rôtir.
- Battre à la fourchette crème, fromage, moutarde et vinaigre.
- Saler et poivrer.
- Verser ce mélange sur les côtes.
- Cuire à four chaud (th. 8) pendant 10 minutes.
- Servir avec une purée de pommes-fruits agrémentée de 25 g de beurre salé.

Filet de bœuf Saint-Amand

Le bœuf veut-il imiter le canard dont le foie en purée tartine ici agréablement le pain grillé ? Car on voit parfois au faîtage des maisons de jolis épis vernissés représentant des animaux de basse-cour : coqs, cochons, chats, et même, plus incongru, de petits singes et de jolis angelots. Belle tradition normande.

Pour 4 personnes

- 1 filet de bœuf de 800 g
- 125 g de purée de foie de canard
- 150 g de champignons de Paris
- 4 grosses pommes
- 1 dl de crème fraîche
- 60 g de beurre
- 1 filet d'huile
- 8 tranches de pain grillé
- 1 cl de calvados
- Sel et poivre

⧖ **Préparation : 15 minutes**
☼ **Cuisson : 20 minutes**

🍃 *Déposer le filet dans un plat, arroser d'un peu d'huile et badigeonner avec 30 g de beurre.*

🍃 *Cuire à four chaud (th. 8/9) pendant 10 minutes.*

🍃 *Nettoyer les champignons, les émincer.*

🍃 *Faire sauter dans le restant de beurre, déposer autour du filet, saler, poivrer.*

🍃 *Remettre au four 5 minutes.*

🍃 *Retirer la viande et les champignons.*

🍃 *Arroser le jus rendu de calvados et flamber.*

🍃 *Déglacer avec la crème, réserver.*

🍃 *Éplucher et cuire les pommes en lamelles dans le reste de beurre.*

🍃 *Tartiner le pain grillé de purée de foie.*

Servir le filet découpé entouré des pommes cuites et napper de sauce aux champignons bien chaude.
Accompagner de pommes paille ou de petites frites.

Le bœuf vernissé
sur un toit perché !

Les Légumes

La Normandie cultive ses jardins facilement, peut-on croire. Son sol limoneux est d'une grande richesse, son climat marin et doux une bénédiction du ciel, mais il se trouve que la terre y est basse comme ailleurs ! La peine est aussi grande ici que dans toute autre région. L'avantage du jardinier normand, c'est qu'il a la main verte, et là est son secret.

Cette main verte n'est pas une vue de l'esprit, la Normandie a longtemps servi de pouponnière aux graines venues du monde entier. Fraîchement débarquées des ponts des bateaux, elles étaient acclimatées dans nos ports avant d'être distribuées dans tout le pays.

Ce n'est pas un hasard si les peintres sont venus ici quérir les couleurs florales de leur palette. Ce n'est pas un hasard si certains, comme Claude Monet, se sont installés au plus près de leurs chères fleurs.

Les gourmands quant à eux cultivent avec délectation leur potager, à la fois pour le geste et pour le goût. Ils nous livrent le meilleur de leur terre, le meilleur des primeurs dont nous dévoilons ici quelques recettes.

Pont-l'Évêque, saveur et composition d'un marché renommé.

Cidre Poire Calvados Fromages

67

Parmentier au confit de canard rouennais

Rouen cultive son histoire comme le jardinier élève ses roses, en améliorant toujours ses acquis. Ainsi, la vieille ville s'embellit de ses maisons de bois rénovées, la cathédrale expose toujours ses dentelles de pierre, le port pourtant éloigné de la mer se classe au cinquième rang des ports français. Confluent des influences, Rouen ne pouvait faire l'impasse sur quelques plats réputés. Le canard de Rouen, défendu par l'ordre des Canardiers (!), est présenté ici dans une recette savoureuse.

Pour 4 personnes

- 4 cuisses de canard de Rouen
- 1 kg de pommes de terre
- 50 g de beurre
- 3 cuillerées à soupe de crème épaisse
- 3 échalotes
- 2 cuillerées de graisse
- 30 à 40 cl de lait
- Sel, poivre, quatre-épices

 **Préparation : 30 minutes** **Cuisson : 2 h 10**

- *Dans une cocotte, faire fondre la graisse.*
- *Placer les cuisses côté peau et saler légèrement.*
- *Ajouter un fond d'eau chaude et couvrir à demi.*
- *Laisser confire à feu très doux 1 h 30.*
- *Si la viande attache, rajouter un peu d'eau.*
- *Éplucher les pommes de terre, les couper en 2 ou en 4.*
- *Cuire à l'eau bouillante salée 15 à 20 minutes. Égoutter.*
- *Écraser en purée épaisse en ajoutant du lait, 25 g de beurre et la crème.*
- *Faire dorer les échalotes épluchées et très finement émincé dans le reste de beurre.*
- *Effilocher la chair des cuisses et mélanger aux échalotes.*
- *Saler, poivrer, ajouter une pincée de quatre-épices.*
- *Faire revenir 3 minutes.*
- *Verser dans un plat à gratin.*
- *Recouvrir de purée.*
- *Quadriller le dessus à la fourchette.*
- *Mettre au four (th.6) 15 minutes.*
- *Si besoin, passer sous le gril pour bien dorer le dessus.*

Servir aussitôt avec une salade verte.

Fèves de la Manche à la crème d'Isigny

La renommée d'Isigny n'est pas à faire. La région argileuse a depuis longtemps favorisé l'élevage et de fait développé une industrie laitière de haut rang. Le beurre et la crème, de couleur bouton-d'or, ont été reconnus Appellation d'origine contrôlée depuis longtemps.
Comme de nombreuses recettes, celle des fèves de la Manche bénéficie de la qualité de ces produits, pour le régal de nos palais.

Pour 4 personnes
- 1 kg de fèves fraîches
- 2 oignons
- 2 jaunes d'œufs
- 40 g de beurre
- 1 dl de crème fraîche
- Sel, poivre, persil

⧖ **Préparation : 35 minutes** ☀ **Cuisson : 20 minutes**

- Écosser les fèves.
- Faire blanchir 2 minutes à l'eau bouillante salée.
- Rafraîchir et égoutter. Retirer la peau.
- Dans une poêle, faire dorer les oignons épluchés et émincés.
- Ajouter les fèves, arroser de crème.
- Saler, poivrer et laisser mijoter doucement 10 minutes.
- Hors du feu, délayer les jaunes d'œufs dans la crème avec le fouet à main.
- Réchauffer très doucement sans laisser bouillir 3 minutes environ.
- Verser dans un plat creux et saupoudrer de persil haché.

Délicieux avec une épaule d'agneau ou un rôti de porc.

Choux de Créances au cidre

Le gros chou, les quatre belles pommes et le cidre. Ce pourrait être le début d'un joli conte, normand comme il se doit. C'est uniquement la liste des commissions pour préparer cette recette.
La ville de Créances offre, grâce à ses terres sableuses proches de la mer, les mielles, d'excellentes conditions aux cultures maraîchères.
Après les commissions, aux fourneaux!

Pour 4 personnes

- 1 gros chou vert
- 4 pommes reinettes
- 1 verre de cidre sec
- 50 g de beurre
- Muscade, girofle
- Sel et poivre

Chars à voile sur les plages des environs de Dieppe.

⌛ **Préparation : 20 minutes** ☀ **Cuisson : 1 heure**

- *Laver le chou, le couper en 4 et retirer le trognon.*
- *Le plonger dans une marmite d'eau bouillante salée.*
- *Faire blanchir 10 minutes.*
- *Égoutter, rafraîchir et hacher le chou.*
- *Éplucher les pommes, les couper en 4.*
- *Dans une cocotte, mettre le chou haché et les pommes.*
- *Mouiller avec le cidre. Saler et poivrer.*
- *Ajouter 2 clous de girofle et une pincée de muscade.*
- *Laisser mijoter doucement 50 minutes.*
- *Remuer de temps à autre.*
- *Au moment de servir faire fondre le beurre sur les légumes.*

À déguster très chaud. Ce plat accompagnera aussi bien un rôti de veau ou de porc que des saucisses grillées ou du boudin noir.

Champignons de la forêt de Bellême gratinés

"La Normandie n'est pas réputée pour ses forêts", peut penser le visiteur. Le Normand ne le contredit pas, bien sûr. Mais à la bonne saison, il s'en va chercher quelques bonnes girolles qu'il donne prestement à sa Normande. Celle-ci, dans le secret de sa cuisine, lui prépare un bon petit plat dont, également en grand secret, nous vous dévoilons la recette!

Pour 4 personnes
- 1 kg de champignons (girolles, trompettes de la mort, etc.)
- 3 échalotes
- 2 gousses d'ail
- 1 verre de lait
- 20 cl de crème épaisse
- 50 g de beurre
- 1/2 citron
- 1 cuillère à soupe de fécule
- 1 jaune d'œuf
- Sel et poivre

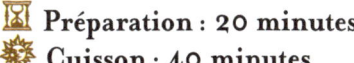

Préparation : 20 minutes
Cuisson : 40 minutes

- Nettoyer les champignons.
- Laver rapidement à l'eau vinaigrée.
- Essuyer. Couper en lamelles et arroser de jus de citron.
- Dans une poêle, faire revenir au beurre l'ail et les échalotes épluchés et émincés.
- Ajouter les champignons, saler.
- Laisser réduire quelques minutes.
- Disposer dans un plat à four.
- Dans un saladier, mélanger au fouet à main le lait, la crème, le jaune d'œuf et la fécule.
- Saler, poivrer, verser sur les champignons.
- Cuire au four chaud (180°) 30 minutes.

Navets farcis de "ch'eu nous"

⧗ **Préparation : 15 minutes** ☀ **Cuisson : 15 minutes**

- Éplucher les navets. Laver et évider.
- Hacher finement les herbes avec la chair à saucisse.
- Ajouter l'œuf battu à la fourchette et une pincée de quatre-épices.
- Saler et poivrer.
- Bien mélanger et remplir les navets de cette farce.
- Bien tasser et mettre dessus une lamelle de beurre.
- Beurrer largement un plat à four.
- Déposer les navets côte à côte.
- Mouiller avec le cidre et le jus de viande (à défaut du bouillon de veau).
- Cuire à four chaud (th. 7/8) 15 minutes.

Du bon pays de cocagne qu'est Créances proviendront les gros navets ronds. Dans le Bessin on achètera la chair à saucisse. Herbes du jardin, épices de cuisine et cidre de pays concluront la liste des commissions. Le tout pour un bon plat de famille.

Pour 4 personnes

- 4 gros navets ronds
- 250 g de chair à saucisse
- 60 g de beurre
- 1 œuf
- 1 échalote, fines herbes
- Thym, laurier, quatre-épices
- 4 cuillerées à soupe de jus de veau
- 1 dl de cidre sec
- Sel et poivre

Gratin de haricots frais

Mémé Louise habitait de l'autre côté de la rue. Elle avait un joli potager et parlait pacan (patois) à tout bout de champ. Quand elle nous donnait un sac de légumes qu'elle venait de ramasser, elle disait immanquablement : "Toute la pouquie sent le hareng" (ils se valent tous). Nous rapportions à notre mère et le sac et l'expression, ce qui nous faisait bien rire!

Pour 4 personnes

- 1 kg de haricots frais
- 2 poireaux
- 50 g de gruyère râpé
- 2 dl de crème fraîche
- 80 g de chapelure
- 75 g de beurre
- Persil, sel et poivre

⌛ **Préparation : 20 minutes**
☀ **Cuisson : 1 heure**

- Écosser les haricots.
- Cuire à l'eau bouillante salée 15 à 20 minutes.
- Laver les poireaux, émincer les blancs.
- Dans une sauteuse, faire fondre 50 g de beurre.
- Cuire les blancs de poireaux en ajoutant de l'eau bouillante à hauteur (10 minutes).
- Égoutter les haricots et mélanger à la fondue de poireaux avec le persil finement haché.
- Ajouter la crème, mélanger à la cuiller en bois.
- Verser dans un plat à four.
- Parsemer de gruyère puis de chapelure.
- Déposer çà et là des lamelles de beurre.
- Cuire à four moyen (th. 6/7) 20 minutes.
- Passer sous le gril pour dorer.

Servir très chaud avec une viande rôtie.

LES DESSERTS

Aussi présente que le beurre et la crème dans la gastronomie normande, la pomme est ici incontournable. Si elle sait se faire discrète dans les entrées, elle est plus présente en accompagnement des viandes, et même de certains poissons. Elle ne se dissimule nullement et occupe même "presque tout le terrain" dans le domaine des desserts. On citera l'inévitable tarte normande, les bourdelots, la terrine des grands-mères, et même le gratin de poires et la banane à la normande où la pomme se dissimule sous son masque de calva !

Bien, d'autres fruits arrivent quand même à lui voler un peu la vedette, poires et bananes sus-citées, ainsi que jolies prunes du Val de Seine. Quant aux autres douceurs de fin de repas, sablés, mirlitons, et surtout falues, elles accompagneront généreusement la surprenante teurgoule. Elle ne surprendra que le visiteur, car cette dernière est en pays de Normandie une véritable institution. L'amateur qui se décidera à la préparer ne devra pas se laisser impressionner par le temps de cuisson, c'est là le juste prix de la gourmandise !

La teurgoule ou terrinée

Entendu au marché : "Votre teurgoule, elle est faite ici ? – "Pour sûr qu'elle l'est, et depuis longtemps ! C'est le baron de Fontette, il y a plus de deux cents ans, qui a inventé c'te recette de riz au lait. À cause de la pluie, c'était la famine. Alors il avait fait venir du riz d'Asie chez nous. Et comme on manque pas de lait par ici, il a trouvé ça. Depuis on en mange et on en vend. Mais rappelez-vous bien, plus ça cuit et plus c'est bon."

Pour 4 à 5 personnes

- 120 g de riz rond
- 150 g de sucre semoule
- 2 l de lait entier
- 2 cuillerées à café de cannelle
- 1 gousse de vanille
- 1 pincée de sel fin

Préparation : 10 à 15 minutes
Cuisson : 3 heures à 3 h 30

- Préchauffer le four (th. 5).
- Fendre la gousse de vanille en deux, la mettre dans le lait et amener à ébullition.
- Laisser refroidir légèrement.
- Dans une grande terrine, mettre le riz, le sucre, la cannelle et le sel.
- Retirer la gousse de vanille et verser le lait.
- Bien mélanger et cuire durant trois bonnes heures. Une croûte très brune doit se former sur le dessus de la terrine.

La teurgoule se déguste chaude, tiède ou froide.

La falue

Galette briochée plate et longue, voici l'accompagnement privilégié de la teurgoule. Et voilà qui tient au corps car après s'en être régalés, les paysans normands se disaient "cachetés", c'est dire l'effet "tampon" du plat ! Enfin, ils se disaient même "embarbouillés"... Pour pratiquer ce dessert régulièrement, on ne leur donnera pas tort, à moins d'être très raisonnable !

Pour 6 personnes
- *750 g de farine*
- *125 g de sucre*
- *125 g de beurre*
- *125 g de crème épaisse*
- *4 œufs*
- *1 dl d'eau*
- *1 pincée de sel*
- *10 g de levure de boulanger*

⧗ **Préparation : 30 minutes + 1 heure pour laisser lever la pâte**
✺ **Cuisson : 30 minutes**

- *Faire fondre dans l'eau le sucre et le sel.*
- *Verser la farine dans un saladier et faire une fontaine.*
- *Mettre au centre la levure délayée dans un peu d'eau.*
- *Par ailleurs, mélanger les jaunes d'œufs avec la crème, le sucre fondu et le beurre bien ramolli.*
- *Verser sur la levure, bien mélanger avec la farine.*
- *Monter les blancs en neige ferme et les rajouter à la préparation.*
- *Mettre la pâte dans une terrine farinée et laisser lever (1 heure).*
- *Fariner le plan de travail, verser la pâte en faisant 4 parts égales.*
- *Rouler chaque morceau en forme de galette longue d'environ 2 cm d'épaisseur.*
- *Cuire 30 minutes à four chaud (th. 6/7).*

77

Bourdelots de Haute-Normandie

Où l'on retrouve nos artistes de l'introduction, inaugurant la première ligne de chemin de fer pour Cherbourg. Les voici attablés depuis de longues heures quand on leur propose des bourdelots ou pommes en pâte. C'est un de leurs desserts préférés (véridique), ils se laissent tenter sans aucune retenue. À noter que la cuisinière a pris soin de choisir des pommes fondantes de taille moyenne, spéciales pour la cuisson : calville ou reinette. Faites donc de même.

Pour 4 personnes

- 4 pommes
- 400 g de pâte brisée
- 4 cuillerées à café de sucre fin
- 1 œuf
- 40 g de beurre
- 4 cuillerées à soupe de gelée de groseilles
- 1 verre à liqueur de calvados

Facultatif : une pincée de cannelle

⌛ **Préparation : 30 minutes** ☀ **Cuisson : 40 minutes**

- Éplucher les pommes, les évider en prenant soin de ne pas percer le fond.
- Garnir d'une cuillerée de gelée, puis d'une lamelle de beurre et enfin d'une cuillerée à café de sucre.
- Arroser d'un peu de calvados.
- Poudrer d'un soupçon de cannelle.
- Étendre la pâte au rouleau et découper 4 cercles assez grands pour envelopper les pommes.
- Placer chaque pomme au centre de la pâte et rabattre tout autour.
- Au sommet, humecter les bords et bien pincer la pâte pour refermer le bourdelot.
- Délayer le jaune d'œuf avec un peu d'eau et badigeonner au pinceau.
- Cuire à four chaud (th. 7) durant 40 minutes.

Servir chaud ou froid.

Deauville, volumes
et couleurs des toits
sur la place de la mairie.

La véritable tarte normande

"Année brumeuse, année pommeuse", affirme le dicton normand. On peut penser que nombreuses sont donc les années à pommes, et l'on s'en réjouit! Voici une recette qui en utilisera huit belles, avec une petite lampée de bénédictine, l'alcool relevant le goût du fruit.

Pour 6 personnes
- 200 g de pâte brisée sucrée
- 8 pommes
- 100 g de sucre semoule
- 1 cl de bénédictine (ou de calvados)
- 1 bol de crème fraîche épaisse

⧗ **Préparation : 15 minutes + 30 minutes**
☀ **Cuisson : 40 minutes**

🌿 *Éplucher les pommes, les couper en lamelles épaisses.*
🌿 *Disposer dans un plat creux et arroser de bénédictine.*
🌿 *Laisser macérer 30 minutes.*
🌿 *Étendre la pâte au rouleau, placer sur une plaque à tarte et piquer le fond à la fourchette.*
🌿 *Disposer régulièrement les tranches de pommes, parsemer de sucre en poudre et cuire à four chaud pendant 40 minutes (th. 7).*

Cette tarte se déguste chaude, nappée de crème.
On l'accompagne également d'une ou deux boules de glace à la vanille.

Tarte aux vertes-bonnes du Val de Seine

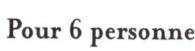 réflexion, le qualificatif leur va comme un gant! Les "vertes-bonnes" sont de jolies prunes, exclusivement normandes, cultivées dans le Val de Seine, en bordure du fleuve. La dénomination de tarte convient peu à ce qui est plutôt un gâteau, mais cela importe peu, c'est bon!!!

Pour 6 personnes

La pâte :

- 200 g de farine
- 1 œuf
- 75 g de sucre semoule
- 3 cuillerées à soupe de lait
- 2 cuillerées à soupe d'huile
- 1 cuillerée à café de levure
- 1 pincée de sel

La garniture :

- 400 g de vertes-bonnes, à défaut, de reine-claudes
- 125 g de beurre
- 60 g de sucre semoule
- 1 œuf

⏳ **Préparation : 20 minutes**

☀ **Cuisson : 25 minutes**

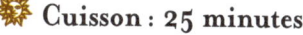 Mettre la farine dans un saladier et faire une fontaine.

Verser le sel, le sucre, l'huile, l'œuf et délayer avec le lait.

Mettre la levure et bien mélanger le tout.

Verser à mi-hauteur dans un moule beurré.

Cuire à feu moyen (th. 6) pendant 15 minutes.

Laver et sécher les prunes, les couper en deux et retirer les noyaux.

Dans une jatte, battre le sucre avec le beurre fondu et l'œuf.

Sortir le gâteau, le napper de cette crème.

Disposer les fruits ouverture en l'air sur toute la surface.

Remettre au four pour 10 minutes. À déguster tiède.

À Vernon, l'ancien moulin "à roue pendante" enjambe la Seine de l'élégance de ses colombages.

Tarte d'Houlgate

Derrière les hauts murs à colombages, sous les chapeaux pointus des toitures, se cachent les cuisines secrètes des résidents en villégiature. Depuis les fenêtres ouvertes, on entend tinter les larges cuillers dans les bassines de cuivre ou au fond des poêles émaillées. Les portes de fours grincent et on surprend la cuisinière glissant avec précaution sa tarte sur la tôle chaude. Les enfants, eux, jouent face à la mer lointaine, si lointaine à marée basse. Dans quarante minutes, la cloche sonnera, il sera temps de rentrer goûter.

⧗ **Préparation : 20 minutes** ☀ **Cuisson : 35 à 40 minutes**

- Faire gonfler les raisins dans de l'eau chaude pendant 10 minutes.
- Éplucher les pommes et les couper en petits morceaux.
- Hacher les noix.
- Égoutter les raisins, les mélanger aux pommes et aux noix avec le sucre et la cannelle.
- Aplatir la pâte au rouleau et en garnir une plaque à tarte.
- Bien répartir les fruits.
- Parsemer de sucre vanillé et de petites noisettes de beurre.
- Cuire à four chaud (th. 7) environ 35 minutes.

Servir tiède avec de la crème fraîche épaisse légèrement sucrée.

Pour 6 personnes

- 250 g de pâte brisée (ou sablée)
- 400 g de pommes
- 60 g de raisins de Malaga
- 75 g de noix décortiquées
- 80 g de sucre semoule
- 60 g de beurre
- 1 pincée de cannelle
- 1 sachet de sucre vanillé
- 6 cuillerées à soupe de crème fraîche épaisse

Gratin de poires flambées au calvados

Pour 6 personnes

- 6 belles poires
- 80 g de sucre semoule
- 80 g de sucre glace
- 30 g de beurre
- 2 blancs d'œufs
- 50 g d'amandes effilées
- 15 cl de calvados
- 1 pincée de sel

La poire a réussi à se faire une petite place au soleil de Normandie! En fait, la place n'est pas si négligeable : face au pommeau, dame poire propose le poiré, face au calvados elle nous offre sa liqueur. Ne cédant pas un pouce de terrain, la voici en gratin, concurrente des tartes aux pommes, mais elle se permet encore d'être flambée au calvados! Bisque, bisque, rage!

⌛ **Préparation : 30 à 40 minutes**
☀ **Cuisson : 10 minutes**

- *Éplucher les poires, les couper en lamelles.*
- *Placer dans une poêle où le beurre aura fondu.*
- *Saupoudrer de sucre semoule et faire revenir 5 minutes.*
- *Arroser de calvados et flamber.*
- *Disposer les poires dans un plat à gratin non métallique.*
- *Dans un saladier, verser le sucre glace, le sel et les blancs d'œufs.*
- *Placer dans une casserole d'eau frémissante et monter en neige. On doit obtenir une belle meringue brillante.*
- *Verser sur les poires, égaliser et saupoudrer d'amandes effilées.*
- *Passer sous le gril environ 5 minutes.*

Servir chaud.

Terrine de pommes du Cotentin

Il va sans dire que la terrine de pommes de notre grand-mère était pour nous une bénédiction de fin de repas. Et je l'entends encore remarquer, sans lever les yeux vers nous : "ç'ui-là, i'tique au plat, c'est son père tout recapi au même âge !" Nous pensions échapper à sa vigilance en nous servant en cachette mais son sixième sens de maman de cinq enfants lui en avait fait voir d'autres !

Pour 6 personnes

- 2 kg de pommes
- 175 g de beurre fin
- 250 g de sucre semoule
- 4 cl de cidre doux
- 2 cl de calvados
- 1/2 citron
- 4 œufs

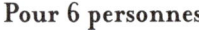 **Préparation : 30 minutes**

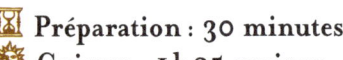 **Cuisson : 1 h 25 environ**

- Éplucher les pommes, les couper en quartiers et les cuire en compote avec le cidre, le jus de citron et le calvados (10 à 15 minutes selon la qualité des pommes).
- Faire sécher la compote cuite dans un four tiède (th. 4) pendant 30 minutes.
- Retirer du four, bien écraser à la fourchette et mélanger le sucre.
- Faire fondre 150 g de beurre, verser les œufs et battre à la fourchette.
- Ajouter ce mélange à la compote et bien amalgamer le tout.
- Beurrer un moule haut avec les 25 g de beurre restant.
- Verser la compote et placer le moule dans un bain-marie.
- Cuire au four (th. 5/6) pendant 40 minutes.

Déguster tiède. Pour raffiner ce dessert, couper des tranches très épaisses et les napper de crème anglaise sucrée au miel.

Bananes à la normande

Normandie terre de bananes ? Rapportée de nos terres lointaines par les bateaux faisant escale sur la côte normande, la banane a très vite conquis le cœur et... les assiettes des gens du cru. Celles, trop mûres, qui ne pouvaient être vendues étaient cuisinées avec nos produits locaux. Et c'est ainsi que nous pouvons vous proposer cette recette pour le moins insolite.

Pour 4 personnes

- 4 bananes mûres
- 150 g de compote de pommes
- 2 cuillerées à soupe de crème épaisse
- 80 g de beurre fin
- 4 pincées de sucre glace
- 4 pralines roses
- 2 cuillerées à soupe de calvados

⏳ **Préparation : 15 minutes**
☀ **Cuisson : 4 à 5 minutes**

- Éplucher les bananes, les couper dans la longueur.
- Retirer la pulpe.
- Garnir de compote mêlée de crème et reformer le fruit.
- Arroser de calvados
- Placer les bananes dans un plat à four et arroser de beurre fondu.
- Écraser les pralines et saupoudrer également chaque fruit.
- Répartir le sucre glace à la surface des bananes.
- Faire dorer 4 à 5 minutes sous le gril.

Les gourmands dégusteront ce dessert avec de la crème chantilly et des petits fours.

Mirlitons de Pont-Audemer

Ce nom nous faisait rire. "Mirliton, mirliton..." Les enfants se régalent toujours des sonorités joyeuses. De plus, nous avions chacun le nôtre, c'était encore mieux. Les adultes, plus sérieux, laissaient le nom de côté, félicitaient doctement la cuisinière avant de goûter à la chose.
Je sais à présent que cette spécialité a de multiples variantes selon la région voire même la ville : mirlitons de Rouen, de Cherbourg, à l'orange, aux macarons écrasés...
On préfère ici la crème normande au beurre fondu.

Pour 6 personnes

- 250 g de pâte feuilletée
- 125 g de sucre semoule
- 1 sachet de sucre vanillé
- 60 g de poudre d'amandes
- 2 cuillerées à soupe de crème fraîche
- 2 gros œufs
- Sucre glace

⌛ **Préparation : 20 minutes** ☀ **Cuisson : 20 à 25 minutes**

🌿 Garnir 6 moules à tartelettes avec la pâte et piquer les fonds à la fourchette.

🌿 Dans un saladier, battre au fouet à main les œufs, le sucre semoule et le sucre vanillé.

🌿 Ajouter la poudre d'amandes et la crème, bien mélanger.

🌿 Verser dans les moules et saupoudrer de sucre glace.

🌿 Décorer la surface avec des moitiés d'amandes blanches disposées en corolles.

🌿 Cuire à four moyen (th. 5) 20 à 25 minutes.

Sablés de Caen

Pour 6 personnes
- *250 g de farine*
- *125 g de sucre semoule*
- *250 g de beurre*
- *4 œufs*
- *1 citron non traité*
- *1 pincée de sel*

Le sablé est presque universel... en France. L'Auvergne a les siens, la région de Niort également, les plus célèbres étant les sablés alsaciens, au moment de Noël, et les sablés nantais maintenant distribués partout. Non moins connu est le sablé de Caen dont la recette peut varier : avec ou sans jaunes d'œufs durs ? À vous de voir.

⧗ **Préparation : 1 h 30** ☀ **Cuisson : 8 minutes**

- *Cuire les œufs durs à l'eau bouillante (10 minutes).*
- *Refroidir, écaler, conserver seulement les jaunes.*
- *Dans un saladier, mettre la farine, le sucre, le sel, les jaunes d'œufs écrasés.*
- *Bien mélanger à la fourchette*
- *Faire fondre le beurre, le laisser tiédir et l'incorporer à la préparation.*
- *Laver et sécher le citron, râper le zeste et l'ajouter à la pâte.*
- *Bien pétrir à la main et façonner en boule*
- *Laisser reposer au frais 1 heure.*
- *Abaisser la pâte au rouleau sur 1/2 centimètre d'épaisseur.*
- *Avec un emporte-pièce, découper de grands cercles et les couper en 4.*
- *Mouiller une tôle à pâtisserie, déposer les sablés qui ne doivent pas se toucher.*
- *Cuire 7 à 8 minutes à four très chaud (th. 8).*

Ces sablés accompagneront agréablement une compote, une crème ou une salade de fruits.

Ciel chargé sur l'abbaye aux Hommes.

FROMAGES NORMANDS, la trilogie

*N*ormandie terre fromagère. Camembert, pont-l'évêque, livarot, telle est la trilogie qui a fait la réputation de la région. On fait remonter les premiers fromages normands, sous leur forme actuelle, au XIIIᵉ siècle, c'est dire leur longévité. Un brin d'histoire fromagère s'impose.

• D'après la légende, on doit la création du camembert à Marie Harel. Cachant un prêtre fuyant la terreur, en 1790, elle reçoit en remerciement le secret d'affinage d'un fromage. Un de ses descendants apporte celui-ci sur la table de Napoléon III. C'est la consécration, le camembert arrive dans la capitale. L'invention de la boîte ronde en bois lui permettra de voyager "de par le vaste monde".

Sa popularité deviendra le symbole de la France entière quand, durant la Grande Guerre, il fera partie de la ration du poilu. Autrefois de couleur bleue, le camembert au lait cru moulé à la louche fait le délice de tous.

• Mis au point par quelques bons moines dans les abbayes normandes, le pont-l'évêque vient du pays d'Auge mais on le trouve dans une zone beaucoup plus vaste. Au goût typé mais délicat, il avait autrefois forme carrée ou de cœur.

• Le livarot, fromage galonné surnommé le colonel car il possède 3 ou 5 rubans qui permettent à sa pâte molle de ne pas s'affaisser. Originaire de Livarot (forcément), sa forte odeur inquiète le profane mais on doit reconnaître qu'il "n'a pas le goût de l'odeur".

Voilà pour le "tiercé gagnant", nos régionaux de l'étape. Mais on serait pingre d'en rester là en matière de production laitière et fromagère…

FROMAGES NORMANDS, les autres…

"Il existe (aussi) un (autre) fromage moelleux et savoureux", comme dit la publicité : le neufchâtel, le plus ancien des fromages normands, créé autour de l'an mil. Il se présente sous la forme de bonde, briquette, carré, double bonde ou cœur. Et l'on dit même que les normandes amoureuses lui donnaient cette dernière forme pour déclarer leur flamme aux soldats anglais pendant la guerre de cent ans ! Légende ou réalité ? On se désespère de ne pouvoir citer les 21 variétés de fromages répertoriées en Normandie, mais qu'ils sachent tous que nous leur gardons une place dans notre cœur de gourmand !

Bien peu connaissent l'origine du Petit-Suisse. Il nous vient tout simplement de Gournay-en-Bray, à 50 km à l'est de Rouen. Une fermière, aidée d'un vacher suisse, a l'idée de rajouter de la crème à de petits fromages cylindriques. C'est Charles Gervais qui les commercialisera à grande échelle, après les avoir entourés de papier imprimé. Ces même Petits-Suisses sont encore sur nos tables et dans les assiettes des bébés !

Peut-on faire l'impasse sur le lait, tout simplement, qui est à la base de toutes ces préparations. C'est en mai que celui-ci est le plus savoureux. Le plus réputé, bien sûr, est celui d'Isigny, en Basse-Normandie, à l'est du Cotentin. Du lait à la crème et de la crème au beurre, il n'y a qu'un pas qu'a vite franchi le normand. Le beurre d'Isigny était déjà présent dans la capitale au XVIIᵉ siècle. Depuis, il a conquis pacifiquement et pour notre régal toutes les régions françaises, et même l'étranger. Hors du goût exceptionnel on lui reconnaît d'immenses qualités nutritives.

la beratte —

Voici là une belle page des fondamentaux normands dont s'enrichit évidemment la cuisine de ce terroir.

CIDRE, CALVA, BÉNÉDICTINE...

La pomme n'est pas à présenter ici, chaque Français en consomme 20 kg par an. La culture du pommier est une tradition ancienne, très ancienne, et l'on consomme des pommes depuis l'Antiquité. L'invention du pressoir au XIIIe siècle, la distillation du premier cidre au XVIe et une A.O.C. obtenue en 1996 ont fait du pays d'Auge un pays de cocagne. On comptait au XIXe siècle 2 000 variétés de pommes de qualités fort différentes permettant la fabrication de cidres aux goûts eux aussi fort différents. Le cidre est apprécié en accompagnement des crêpes et des desserts mais également dans la préparation de plusieurs sauces. Je connais quelques enfants qui ne refusent pas une bonne bolée de cidre, du doux bien entendu !

• La distillation du cidre permet d'obtenir une eau-de-vie, le calvados, elle aussi A.O.C. Longtemps resté un produit local, c'est au tournant de 1914 que les soldats normands le firent connaître dans les tranchées.

• Le pommeau est lui un apéritif récent, très apprécié, composé de 2/3 de cidre et 1/3 de calvados vieillis en fût de chêne. On citera également, en termes de production locale, le vinaigre de cidre, connu depuis le XVIIe siècle, la gelée de cidre et la confiture de pommes tout autant appréciés.

• On n'oublie pas de mentionner le poiré, équivalent du cidre mais à base de... poire. Il est cependant de moindre production.

• Pour être exhaustif, citons la bénédictine dont la découverte remonte en l'an de grâce 1510 à Fécamp. Liqueur à base d'herbes et d'épices, sa recette fut par la suite perdue, puis retrouvée dans le grimoire d'une abbaye en 1863.

• Nous clorons le chapitre en mentionnant l'incontournable "trou normand" dont le rituel daterait de quatre siècles environ. Au milieu d'un repas copieux, un petit verre de calvados serait supposé hâter la digestion. De nos jours, on consommera plutôt un sorbet à la pomme arrosé de calva. Enfin, si l'on "coiffe" son café de calvados, on dira qu'il est gouleyant ou "ben amoureux à boire" !

Index

Achevé d'imprimer en mai 2008
sur les presses de l'imprimerie Ages Arti Grafiche (Italie)